이제 안녕, 도룡마을

골목잡지 사이다 지음
911.57 골35ㅇ
0045436

이제 안녕, 도룡마을

경기도 의왕시
도룡마을

이 책은 〈골목잡지 사이다〉가 LH 경기지역본부 과천의왕사업단에서 진행한
'의왕월암 공공주택지구 지역자산 수집 및 기록물 제작' 작업의 결과물을 담아
사라지는 공동체의 기억과 정신을 남기기 위하여 발행하였습니다.
출판을 허락한 도룡마을 주민과 LH 경기지역본부 과천의왕사업단에 깊이 감사드립니다.

〈골목잡지 사이다〉와
함께 기록작업 참여하신 분입니다.

최서영 이형희 조동흠
최윤경 이정진 박지은
이종숙 김태연 김민주
박철하 고동윤 정분아
노경옥 조영아 서현주
정인근 안연숙 김구현

목차

하나.
이제 안녕, 도룡마을

포토에세이 8
마을의 기억을 만나다 16
마음에 남긴 풍경 18

둘.
나의 살던 고향은 꽃피는 산골

우리가 도룡마을에 살았어요 40
오래된 앨범 288
오래된 물건 이야기 312

셋.
마지막 농사를 짓다

마지막 농사를 짓다 334

하나

이제 안녕, 도룡마을

포토에세이

의왕시
월암동
도룡마을

덕성산 품에 안긴 것처럼 포근하고 아름다운 동네입니다.
500년 세월을 함께 울고 웃으며 살아온 이 곳에서
대부분 농사를 지으며 평화롭게 살아왔습니다.

포토에세이

우리는
누군가의 사이에서
함께 살아갑니다.

할아버지 할머니의 할아버지 할머니 이전부터
함께 살아온 동네, 도룡마을.
서로의 품으로 서로를 기르며 살아왔습니다.

포토에세이

마을이
사라진다는 것은

500년 세월의 역사가 사라지는 일이고
평생의 친구와 이웃이 사라지는 일이고
밥 먹고 숨 쉬고 걷던 모든 풍경이 사라지는 일입니다.

포토에세이

우리가 함께 살았던 일을 잊지 말아주세요.
기쁘거나 슬프거나 화날 때나 그 어느 때라도
우리가 이 마을에서 함께 살았습니다.

마을은 사라지지만,
그 마음을 남기고 갑니다.

마을의 기억을 만나다

꽃 피고 새 울던 도룡마을

의왕시 월암동 도룡마을은 대부분 주민이 농사를 짓고 살아온 도심속 농촌마을입니다.
약 55호의 주민이 거주하였고, 대부분 토박이로서 다양한 친목모임을 가져온
따뜻한 정이 넘치는 마을입니다.

2018년 공공주택지구 사업으로 지정되어 사라지게 되었습니다.

마음에 남긴 풍경

도룡마을
마을스케치

"여기 저기 산 있었는데 산소도 큰 게 많고 그랬었는데 거기 올라가면 도토리나무, 푸른 나무 하여튼 들꽃이 많았어. 꽃냄새가 아주 팍 나고 아주 그런 곳이 많았었어. 나는 산이 없는데서 시집을 와가지고 거기 올라가면 얼마나 풀냄새가 좋은지 국화 냄새나고. 옛날에 진짜 좋았었어. 이 동네."

– 안종희(79세, 월암 도룡마을 거주)

장승이 지켜주는 마을

의왕시 월암동 도룡마을은 덕성산이 아늑하게 품어주고, 주민에게 풍성한 농작물을 선물처럼 전해주는 좋은 자연환경을 가지고 있다. 덕성산을 지나는 등산객들과 둘레길을 산책하는 사람들에게 농촌마을의 따뜻함을 보여주는, 도심에서 보기 드문 곳이다.

덕영대로에서 마을로 들어서면 찾아오는 이를 제일 먼저 맞아주는 것은 돌장승들이다. 마을의 안녕과 번영을 기원하는 듬직한 모습으로 세워진 장승에게 눈인사를 건네며 본격적으로 도룡마을로 진입했다.

아주 오랜 옛날에 이곳에서 용이 승천했다고 전해오는 마을, '도룡동(道龍洞)'이라 했다는 전설에 기대어 도룡마을이라 불리고 있는 이 마을은 조상대대로 살아온 성씨들이 모여 사는 집성촌이고, 조상에게 물려받은 땅과 집을 지키고 살아오는 농부들이 살고 있다.

지금은 어린 아이와 젊은이를 찾아보기 쉽지 않고 60여 채가 안 되는 가구만 남아있어 저무는 노년의 모습 같은 마을이지만 이 마을에도 청, 장년기의 시기가 있었다는 것을 마을 분들을 만나며 그들의 인생이야기 속에서 확인 할 수 있었다.

2년마다 마을 사람들이 모여서 당제를 지내고 마을입구에 세워진 장승에게 장승제를 지내는 도룡마을 사람들은 전통을 계승하고 지키는 소박한 우리 조상들의 마음을 유지하고 살아가고 있다.

농사가 천직인 사람들이 사는 마을

마을에 들어서니 싱그러움을 품은 너른 논과 밭들이 보인다. 과거엔 천수답으로 물이 귀했다던 논에는 어느덧 이삭이 달려 영글기 시작한 벼가 농부의 사랑을 먹으며 무럭무럭 자라고 있다. 밭에는 상추, 참외, 고추, 토마토, 조선오이가 반가운 얼굴로 지나가는 손님에게 말을 건다. 월암오이(조선오이)는 갓이 얇고 아삭아삭 시원해서 인기가 많았다는 소문처럼 인터뷰로 만난 어르신이 정겹게 건네준 오이의 맛은 역시나 소문대로 시원하고 달큰하다.

정성껏 키운 밭작물을 인근 부곡도깨비시장부터 수원 영동시장, 안양 남부시장까지 오가며 팔아 자녀들 학비와 생활비를 마련했던 어렵던 그 시절의 거룩한 생계이야기, 수원 북중학교까지 걸어서 통학했던 학창시절 이야기, 당제와 장승제 이야기들 속에서 가난했지만 따뜻했던 공동체의 지난 추억이 방울방울 샘솟는다.

이웃사랑의 마음을 담다

마을의 중간인 갈림길에서 덕성산 쪽으로 방향을 잡아 오르다 보면 월암쉼터가 보인다. 이웃과 나그네에게 따뜻한 커피 한잔과 휴식을 제공해주는 쉼터는 맞은편에 있는 월암교회에서 마련한 공간이다. 십 여 년 전에는 마을 아이들을 위해 손수 논에 물을 대어 논썰매장을 만들어 주었던 장로님의 사랑 나눔 덕분에 논썰매장에서 신나게 썰매를 탄 추억을 간직한 마을 꼬마들이 제법 많이 있다. 파릇한 잔디밭과 아담한 성전을 가지고 있는 월암교회는 시골교회 특유의 작지만 아름다운 모습을 간직하고 있다.

아름다운 신목, 회화나무

마을 중간의 갈림길에서 수원쪽으로 방향을 틀면 의왕과 수원의 경계지점에 자리 잡은 회화나무가 보인다. 500년 이상의 수령을 자랑하며 홰나무로 불리는 회화나무는 긴 역사만큼이나 오랜 세월 마을을 지키고 있는 신목이다. 회화나무와 더불어 마을의 대표적인 자랑거리인 회화나무집은 마을의 역사와 수성최씨 집안의 역사를 담은 전통 있는 물건들을 다수 보유하고 있어 인근에서도 유명한 곳이다. 회화나무에는 아름답고 우아한 나무의 자태만큼이나 신비로운 이야기가 전해내려 온다. 회화나무 잎이 일찍 피면 모내기 계절이 빨리 돌아오고 잎이 고르게 피어나는 해엔 풍년이 든다는 설화가 진실인지를 확인할 수 없지만 도롱마을 사람들에게 그만큼 농사가 귀한 것임을 엿볼 수 있는 설화이며 회화나무의 존재감을 드러내주는 이야기이다.

산신제를 지내는 사람들

오랜 옛날 산에서 내려온 호랑이가 사람에게 피해를 입혔고 당제를 지내면서 해를 막았다는 전설에 따라 마을에서 지내오던 당제가 올해로 끝을 맺었다. 마지막 당제를 지내며 마을의 운

명과 함께 사라지게 될 당제에 대한 아쉬움은 제를 올리는 마을 어르신이 따르는 술잔에 꾹꾹 눌러 담았다.
당제를 모시는 당주로 선정되면 부정한 일을 보거나 겪어도 안 되기에 몸도 마음도 정결하게 유지하고 목욕재계 한 후 제사를 모셨다던 마을 어르신의 이야기를 따라 당주가 목욕하고 제사에도 사용했다던 신령한 물이 있던 흔적을 따라가 보았다. 세월의 흐름 따라 이제는 수풀이 우거져 물이 고이고 흐른 흔적을 지금은 찾기 힘들었다.
그러나 보이는 것이 다는 아니기에 그 속에 깃든 정성과 소중한 마음이 더욱 애틋하게 다가온다.

기억되는 모든 것은 아름답다

서로 아끼고 돌보는 함께의 가치가 살아있는 도롱마을, 바쁜 농사철에는 품앗이로 고된 농사철 서로의 일손을 나누고 상을 당하면 함께 상여를 매었던 사람들, 당제와 같은 마을의 행사가 있을 때 집집마다 통제를 돌려 십시일반 돈을 모았던 공동체 정신이 살아있는 마을의 역사도 올해를 기점으로 한 시절을 마무리한다.
개발이란 이름으로 조상대대로 살아온 고향을 떠나야 하는 마을사람들 마음에 남은 보이지 않는 아픔과 아쉬움을 어찌 다 말로 할 수 있을까

"한 많은 동네! 잊지 못할 동네! 살기 좋았던 고향을 떠나니 서글프다."

인터뷰 하며 만났던 어르신의 마지막 말씀이 깊은 울림으로 다가와 돌아서는 내내 마음에 회오리를 친다.

오래된 것은 낡은 것이 아니라 귀한 것이다.

오래되고 숙성한 많은 이야기들은 기록하지 않으면 사라져 버리고 말기에 도롱마을 기록의 의미는 더욱 크다.
마을 분들의 이야기 속에서 생생하게 살아 움직이는 마을역사가 고향을 떠나는 이들에게 위로가 되기를 바란다.
정월대보름이면 산에 올라 달을 보며 소원을 빌었던 소박하지만 소중했던 마음들을 모아서 머지않아 사라질 마을의 역사와 마을사람들 기록에 정성을 담는다.
봄이면 풀냄새, 꽃향기 가득했던 누군가의 아름다운 고향인 도롱마을이 오래오래 기억되길 바라며 말이다.

도룡마을의
사계

봄 春

마음에 남긴 풍경

여름 夏

가을 秋

마음에 남긴 풍경

冬
겨울

하나. 이제 안녕, 도룡마을

하나. 이제 안녕, 도룡마을

마음에 남긴 풍경

둘

나의 살던 고향은
꽃피는 산골

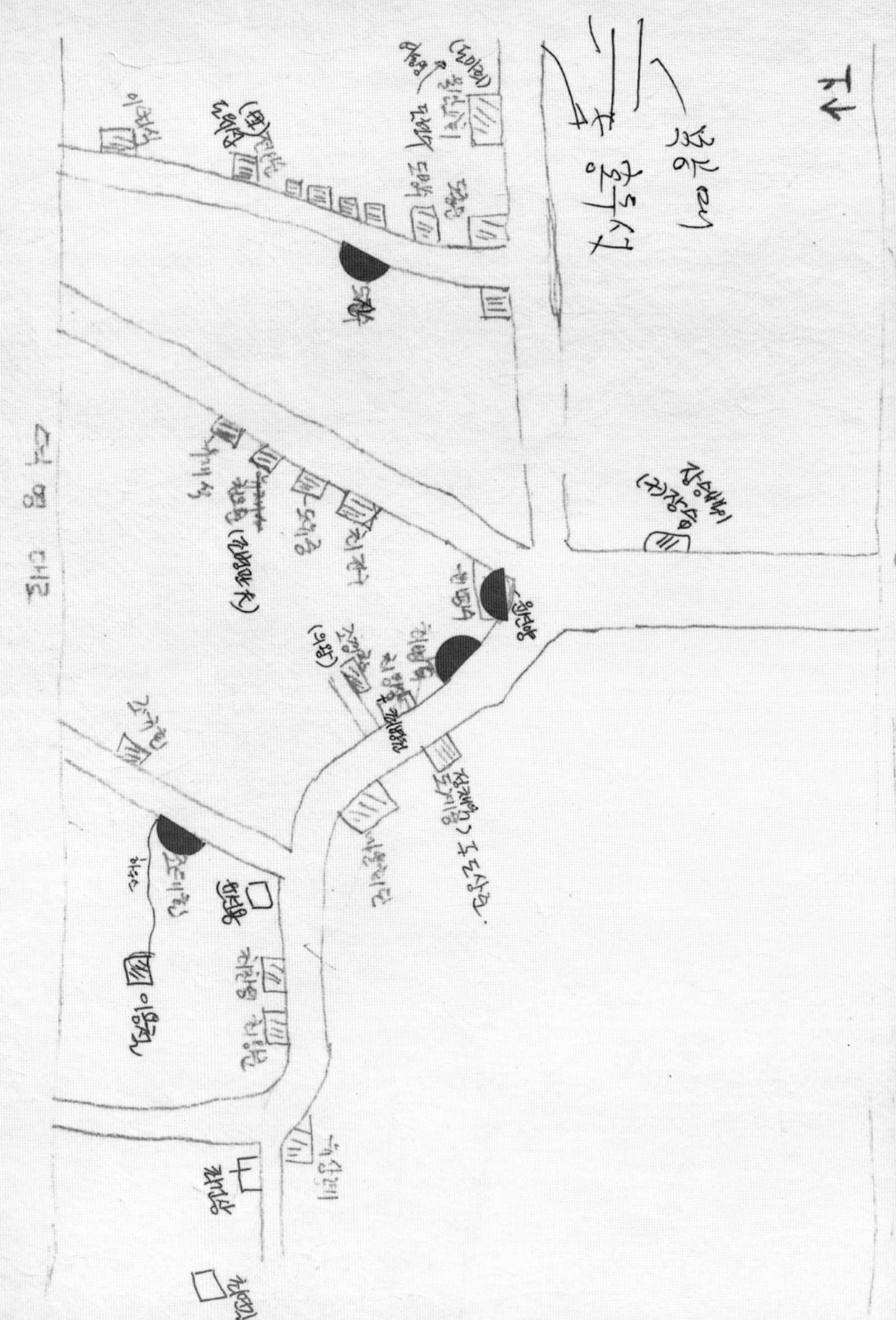

우리가
도롱마을에서
살았어요

우리가 도롱마을에서 살았어요

마을집, 하나

母

강
옥
란

없이 살아도
자식농사 잘 짓고 살았다

월암2리 마을회관에서 인연이 되어 뵙게 된 강옥란 어르신은 82세의 연세가 믿기지 않을 만큼 소녀처럼 수줍고 눈웃음이 고왔다. 이야기를 하는 내내 미소 짓는 모습에서 소박함과 진실함이 느껴진다.

강옥란 어르신댁은 마을 중간쯤에 자리 잡고 있었다. 넓은 마당 한쪽에 상추와 푸성귀가 심어져 있었고 담장 둘레에 장미가 예쁘게 피어 있었다. 이사를 며칠 앞두고 만난 강옥란 어르신과 그간 살아오신 이야기며 마을 이야기를 들었다.

시집오니까 방에 다 쌀이야

대야미가 고향인 강옥란 어르신은 22살에 중매를 통해 그 당시 27살이던 남편을 만났다. 가난했던 친정과 달리 시댁은 월암에서 알아주는 부자였다고 한다. 부잣집인 이 곳으로 시집을 와서 처음에는 큰 집에서 시부모님과 시할머니, 시아주버니 내외와 함께 신혼살림을 시작했다. 시어머니는 시집오기 두 달 전에 돌아가셨다고 한다.

"시할아버지는 없고 나 시집오니까 시할머니, 시어머니, 시아버지 있었지. 내가 9월 스무 이틀날 시집 왔는데 그 해 7월에 우리 시어머니가 돌아갔어. 그래서 시어머니 돌아갔는데 그 해 동짓달에 또 시아버지가 마누라를 얻었어. 부잣집이라 그런지 능력 있대. 그래서 수원서 살았거든. 시어머니는. 그래서 왔다 갔다 다니셨어."

결혼 후 1년이 지나고 첫 아이를 낳고 분가한 집이 지금 사는 자리에 있던 초가집이었다. 지금 집은 나중에 다시 지었다. 중매쟁이가 뭐라고 하며 중매를 섰는지 물었다.

"색시 괜찮고, 저기 신랑 집이 부자고 그렇다고. 부잣집이라고 했어. 부자라고 들었어. 쌀이 그냥 그렇게 많고 광에 들어가면 독이 큰 독으로 쌀이 하나씩 다야. 그게 근데 언제 보니까 방에 쌀이 다 없어졌어. 어디 치웠는지. 나는 새댁이니까 모르니 그런 걸 어디 치웠는지 몰랐지. 시할머니 계신 방에 조그맣게 요 하나 깐만큼만 방이 있고, 다 쌀이야, 거기가."

새댁이라 그때는 잘 몰랐지만, 시어머니 대신 쌀이며 재산을 관리하셨던 것인지 할머니 방에 가득 쌀이 있었던 기억이 난다고 했다. 강옥란 어르신은 시할머니를 잘 모셨고, 농사도 많은 시댁인데 그 많은 일을 참 잘했다. 시할머니께 싹싹하게 대해서 그런지 할머니께 사랑도 많이 받았다. 시아주버니도 많은 집안일을 잘 하고 어른들에게 잘하는 강옥란 어르신을 예뻐해 주시고 잘 대해주어서 가끔 손위 형님에게 미움을 받기도 했다고 한다.

"'누구든지 시집가서 나만 잘 하면 다 칭찬 들어, 나만 잘 하면. 나쁘게만 안 하고.' 딸들 보고 (그랬어.) '니들만 잘 하면 다 시아버지 시어머니한테 칭찬 들어. 깍쟁이 노릇 하지 말고 시키는 대로 일 하고 그렇게만 하면 다 칭찬 듣는 거야.' 항상 애들 보고도 내가 그렇게 가르쳐."

강옥란 어르신은 윗동서가 샘을 낼 때도 있었지만 묵묵하게 자기 할 도리를 다하니 시댁 가족들에게 인정을 받았다.
남편의 형제는 3남매였고 시집와서 보니 당시에 시누이가 시집을 가기 전이었다. 그때는 손아래 시누이도 어려웠던 시절이었다. 지금은 그런 시누이랑 친구같이 지낸다. 나이 먹고 세

1995년, 집앞에서, 강옥란 어르신과 남편

24살 때, 첫 아이 낳은 후 강옥란 어르신

월이 흐르니 남편도 떠나고, 시아주버니도 떠나고 그 시누 한 명이 남아서 지금은 친구처럼 지내고 있다.

"부잣집에서 일이 여간 많아. 아유, 엄청 많아. 부잣집이고 쌀도 그렇게 많고 그런데, 왜 수수, 콩, 팥밥을 그렇게 넣어서 해. 이것만 해? 가마솥에 그냥 밥을 하나씩 해도 다 식구대로 밥을 푸는데 밥 해 놓고 내가 푸기나 해? 시누 보고 푸라고 하고 밥도 내가 못 펐어. 맘대로."

피난 가다가 도로 왔어

어린 시절 9살쯤에 6.25가 일어났다. 지금도 그때의 기억이 가끔씩 생생하게 떠오른다고.

"미군이 막 들어오고, 탱크 차, 그런 거 들어오고 독립 만세 이런 생각은 나대. 그 생각만 나. 우리 집서 폭탄 맞아서, 시골인데, 대문간에서 죽어서 이래가지고 있는 걸 사람들이 들어가 헛간에 갖다 놓더라고. 헛간에 갖다 놓고 뭘로 덮어 놨어. 그리고 또 안채에서 살았어. 그런 기억은 나대. 피난 가다가 보따리 이고 메고 남향으로 피난 간다고 가다가 도로 왔어. 못 가고. 길바닥에서 사람이 폭탄 맞아서 피를 그냥 한 가득이어서 사람 살려 달라고 울고, 막 하늘에서는 폭탄 폭격하고 그런 생각 나."

폭탄이 떨어지는 소리가 지금도 기억난다. 지금도 꿈에도 나올 것 같아 무섭다고 이야기 하는 걸 보면 전쟁의 기억은 정말 죽을 때까지 지워지지 않는 상처인 듯싶다.

없이 살아서 애들 잘 가르쳐서 괜찮다, 칭찬도 들었어

강옥란 어르신은 5남매를 두었다. 딸이 넷이고 막둥이로 아들을 두었는데, 딸부잣집에 귀한 아들이 태어나서 막내아들을 낳고는 동네잔치를 했다고 한다. 아들이 태어나던 시기가 모내기철이었다는데, 일꾼들 밥 해주고 참까지 내다주고 와서 겨우겨우 집에 들어오자마자 몸을 풀었다고 했다. 아들 이름은 왕준이라고 동네 어른이 지어주셨는데 왕 노릇하고 살라는 의미의 이름대로 어린 시절에 대장 노릇하면서 자랐다.

그 막내아들은 지금 KTX 기사인데 팀장이 됐다고 말하고는 활짝 웃으신다. 아들이 대학 나오고 많이 배운 아들 친구들보다 직장도 더 잘 들어가고 잘 살고 있는 걸 보면 이름값을 하는 것 같기도 하다.

"잔치했어. 왜냐하면 모내는 날 낳았잖아. 모내는 날 낳아서 사람들이 다 양옥이 아들 낳았다고 좋다고 마당에 멍석 깔고 다 마당에 안에 들어오지도 못하고 마당에서 경사 났다고 얼마나 사람들이 좋아했는데. 왕준이야. 사람들이 이름을 뭐라고 짓나. 이다음에 크면 왕 노릇 하라고 왕준이라고 지으라고."

하나뿐인 아들이라 남부럽지 않게 가르치고 키우고 싶었지만, 살림이 여유롭지 못했다. 남들 다니는 유치원도 못 보냈고, 딸들도 원피스 사줄 형편도 못되어 옷도 얻어다 입히고 대학도 못 보내서 엄마 마음에는 늘 미안함이 남는 모양이다. 부모 마음은 모두가 똑같은 법이다.

"다 지들이 다 벌어 갔지. 큰딸은 중학교 밖에 못 가르쳤어. 큰딸은 지가 벌어가서 동생 가르치고 컸으니까 동생 봐 주고 그래서 돈 200만 원 벌어서 내가 저축해서 200만 원 탔어. 그랬더니 누가 그걸 자꾸 이자 잘 해 준다고 달라고 해서 줬다가 다 떼먹히고 못 받았어."

큰딸이 살림 밑천이라는 옛날이 틀리지 않듯이 강옥란 어르신 큰딸도 동생들 뒷바라지하는 효녀였다.

"둘째딸 시집 갈 적에, 셋째딸 시집 갈 적에 500만 원씩 들었었어요, 500만 원. 많은 돈이었어요. 다 지들이 벌어서 텔레비전도 사 놓고, 또 둘째딸 시집 갈 적에 또 하여튼 세탁기 사 놓고 냉장고 사다 놓고 다 애들이 장만해주고 시집가고 나는 먹새만 차려 줬어, 먹새만. 먹는 거 그런 거만 차려서 시집보냈지. 다 지들이 벌어 갔어."

자식농사 잘 지었다고 동네에서도 다들 강옥란 어르신을 부러워한다.

"지금 애들도 그렇게 흥청망청 쓰지 못 해. 큰집은 부잣집이니까 아이들이 돈을 잘 쓴단 말이야. 그 집은. 우리 애들 같지 않지. 그래서 동네 사람들도 '양옥이네는 참 양옥 엄마가 없이 살아서 애들 잘 가르쳐서 괜찮다.'고 동네 사람들이 칭찬도 해 줬어."

지금은 옛날처럼 먹고 살기 힘들지도 않고 자식들도 모두 자기 앞가림 잘 하고 살고, 며느리도 착하고 싹싹하고 누구 하나 부럽지 않다고 말하는 강옥란 어르신이다. 이제는 당신 건강만 챙기고 건강하게 오래 사시기만 하면 되는데, 세월이 참 야속하게도 이제 나이 들어 여기저기 몸에서 아픈 곳이 늘어난다. 60대에 암 수술을 받고 완치판정을 받았지만, 지금은 다리가 아파서 그게 너무 속상하다고.

힘들었지만 아름다운 기억들

제일 기억에 남는 힘들었던 순간이 언제였냐는 질문에 농사지으러 논에 가서 일할 때라고 하신다. 작은 체구에 농사를 직접 지으며 고생을 많이 하셨던 모양이라 안쓰러움이 밀려온다.

"논에 가서 일 하고 그럴 때가 제일 힘들었어. 그리고 논에 물이 있잖아. 벼를 베어서 세워놔. 논바닥에 세워놔. 그럼 그걸 꺼내서 엉겨 놔야 돼. 마르라고. 그럼 그거 해 놓고 얼추 말랐는데도 똥구멍에 이만큼 물이 젖어서 그거 내 놓는 게 제일 힘들었어. 통일벼는 다 떨어지지. 움직이면 떨어지는 거야."

당시는 통일벼를 재배하던 시절이었다. 밥도 힘이 없고 맛도 덜하지만 수확량을 늘리기 위해서 통일벼를 심었다. 통일벼 심어서 농사짓기 위해 농협에서 대출받은 돈을 갚고 나면 돈은 늘 부족했다. 농사는 진짜 많이 지었고, 일은 정말 많았지만 돈은 늘 없었다.

"쌀 조금 하면 다 내일은 비료 사야지. 그러면 쌀통만 이고 나가서 팔아서 그 돈 가지고 쓰면 금방 다 쓰고 또 없어. 그럼 며칠 있다가 쌀 또 퍼서 나가는 거야. 한 말에 3만 원인가, 3만 원이면 큰돈이야. 3만 원 못 한 적도 있었나 봐, 아마. 쌀을 그렇게 해서 다 퍼 낸 거야, 아주."

쌀농사 지어서 내다 팔고, 채소 재배해서 도깨비 시장에 나가 노상에 나가 팔고, 그렇게 살았던 시절이었다. 조선오이는 특히 맛있기로 유명해서 잘 팔렸다.

"백운아파트 그 앞에, 자리도 없어. 먼저 빨리 가야 자리도 맡지 못 맡아. 백운아파트 있는데서 팔고 그 아래서 팔고. 이쪽에 굿모닝마트 있는 데 거기도 팔고. 조선오이는 갓이 얇아서 잘 팔려. 지금 오이들은 갓이 두꺼워서 맛이 없어. 아작아작 씹히는 게 조선오이가 맛있어. 도마도도 잘 나가. 도마도 같은 거 팔면 돈이 된다니까."

아이들이 학교 다닐 시절에 한창 장사를 다녔었다. 오이, 토마토, 호박, 이런 것들을 잔뜩 따서 마을버스에 싣고 도깨비시장에서 팔았다.

"응. 마을버스 거기까지 대서 가. 시장 앞에까지 대서, 가서 나 앉은 자리에서 내려. 그전에는 거기까지 갔어. 돈을 더 주면 거기까지 들어갔어. 그래서 편했어."

사라지는, 그러나 사라지지 않을 마을이야기

마지막으로 마을에서 살아오면서 겪으셨던 이야기나, 마을 이야기를 좀 들려주십사 부탁드렸다. 그랬더니 마을에 살았던 무당 이야기를 들려주셨다. 동네 논 건너 굴다리 근처에 무당이 살았다고 했다.

"우리 큰집이 굿을 밥 먹듯 했는데, 시아주버니가 아파가지고. 우리도 했어. 우리 집에서도 영감 아파서 굿해보고 한 집에서 그냥 굿을 밥 먹듯이 밤낮으로 굿했어. 두들기고 무당집 다니고 그랬어, 나도."

마을에서 무당을 불러서 굿을 했던 경험을 이야기해 주셨다. 무당이 굿을 하고 나면 그때 상에 차렸던 것들은 무당이 다 가져가고는 했다.

"우리 시어머니 돌아가실 적에 토 하고 싸고 그래서 돌아간다고 난리 났는데, 무당 찾아 물어보고 했어. 그 무당이 와서 뭐 하고 그랬는데 쌀 주고 지들 무당한 거 다 가져가지. 돈 놓고 쌀 놓고 그런 거."

강옥란 어르신을 통해서 월암 마을에 전해오는 상조이야기와 상여나간 이야기도 들을 수 있었다.
많은 것들이 변하는 요즘, 머지않아 마을은 사라질 것이다. 기록되지 않은 것들은 모두 사라질 것이다. 오늘 강옥란 어르신을 만나 생생한 삶의 이야기들을 기록으로 남기는 일이 새삼 무겁게 느껴진다. 화려했던 한 시절이 이렇게 저물고 있었다.

우리가 도롱마을에서 살았어요

마을집, 둘

최서
왕은
준주

만났을 때
정이 있는 거지

최왕준님은 도롱마을에서 보기 드문 '젊은' 청년이다. 작은 체구에 빠릿빠릿하신 강옥란 어르신의 막내아들이다. 위로 누나 넷에 오 남매 중 막내. 다섯 남매는 도롱마을에서 멀지 않은 곳에 가까이 살고 있다.

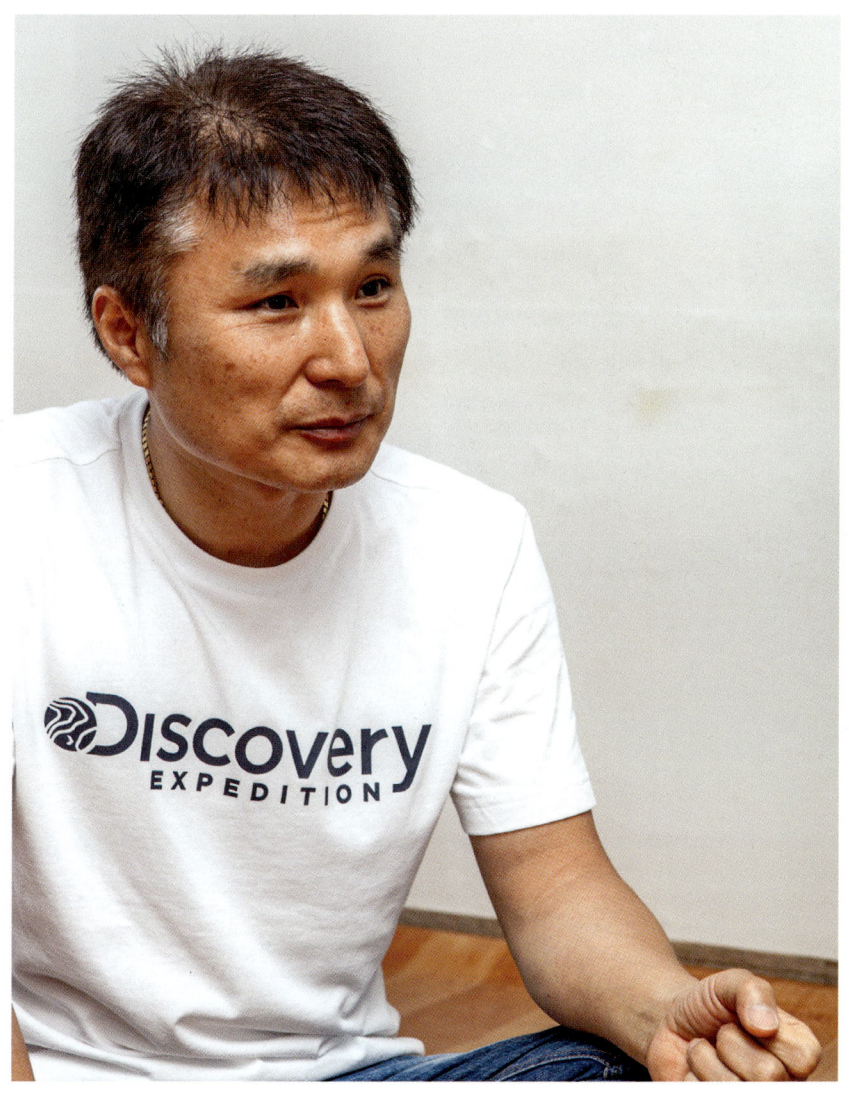

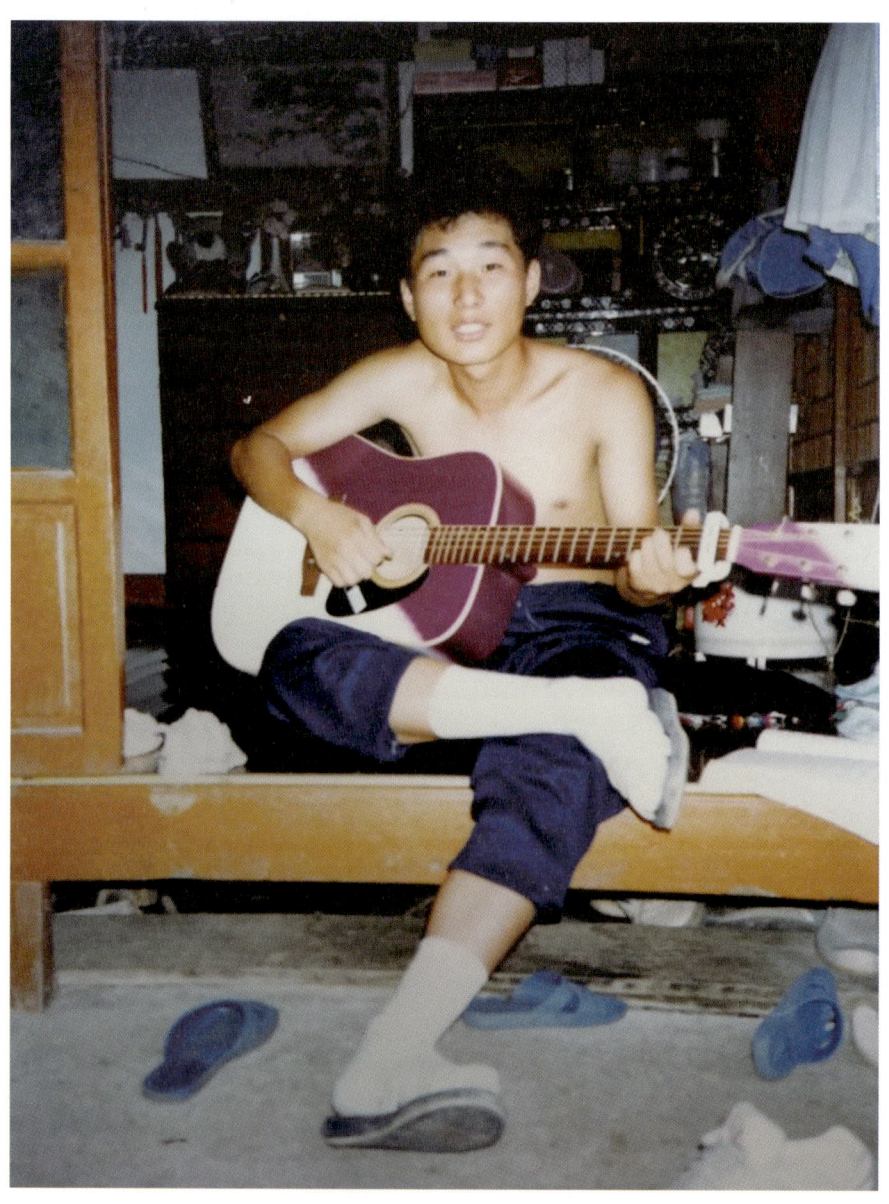

예전 집 마루에서

도롱마을에서 학교가는 길

초등학교는 부곡에서 다니고 중학교는 버스 타고 의왕으로 다녔다. 동네 선배들은 수원까지 걸어서 중학교를 다녔지만, 세월이 지나 마을에 버스가 들어오게 되면서 학교 가는 길도 달라졌다.

"예전에는 버스가 없어서 무조건 부곡은 걸어가야 하고 성대도 걸어가야 하고 그런 상황인데, 초등학교 6학년 때 국회의원님께서 여기 버스를 들어오게 해 주셨어요. 철길 있는 다리 있잖아요. 이쪽에 오다 보면 방앗간 정류소 있던 자리 거기가 종점이에요. 거기까지 버스가 들어왔어요. 아침에는 30분마다 하나씩 그리고 낮에는 2시간마다 저녁에는 1시간마다 이렇게. 그거 타고 다녔죠."

부곡에 들어오는 1-1번 버스가 노선을 연장해서 도롱마을까지 들어오게 된 것이다. 이후 마을버스로 바뀌었고 운행이 잠시 중단되기도 했다. 한때 성대역까지 가는 마을버스도 있었다. 동네 어르신께 두 시간 가까이 학교 걸어가는 이야기만 듣다가 버스 타고 학교 갔다는 이야기에 세대차를 실감한다.

"과천 봉담간 고속화 도로가 생기기 전에 거기가 산으로 넘어가는 길이었어요. 거기에 15인승 버스 이런 걸로 해서 마을버스가 다녔죠. 그래서 그거 타고, 그거 놓치면 한 30분 기다려야 하니까 겨울에 집에 들어오려고 그러면 막 시간 못 맞추면 짜증이 있는 대로 나는 거죠. 너무 힘들어 집에 들어오기가."

누나들이 수원으로 직장 다닐 때는 버스조차 없었다. 가로등 없는 밤밭마을을 지나 퇴근해야 하는 누나 걱정에 자전거 타고 마중도 많이 나가곤 했다.

부곡초등학교 가는 길은 어땠을까? 젊은 청년의 부곡초등학교 가는 길은 동네 어르신들이 학교 다닐 때와 크게 다를 바 없었다.

"월암 1동으로 해서 철길 옆으로 가는 길이 있어요. 그쪽으로 다 걸어 다녔거든요. 산이 성대산보다는 안 무서워요. 왜냐하면 마을이 계속 있어요. 덕영대로 넘어오다 보면 철도기술 연구소 있잖아요. 뒤쪽으로 보면 넘어가는 길이 있어요. 거기가 이 동네에서 나가는 유일한 길이에요. 거기도 밤에는 무서워서 그쪽은 밤에는 잘 안 다녔어요. 학교 갈 때는 낮이잖아요. 낮이니까 그리로 넘어가서 돌아다니는 거예요. 산속으로 해서 산길로 학교 다니고 그랬죠."

마을에 동갑내기 친구도 몇 명 있었다. 최권능이라고 친구가 있었는데, 어머님이 굉장히 독실한 기독교 신자셨다고 한다. 방에다가 단상 하나 갖다 놓고 십자가 하나 얹혀놓고 개척교회를 하셨다. 권능이 친구하고 중학교 같이 다닐 때까지는 교회를 열심히 다녔다. 자연스레 동네 친구들과는 고등학교를 다르게 가게 되니 소원해졌다.

KTX 개통 1세대 기관사가 되다

이 동네에는 의외로 철도 다니시는 분들이 많았다. 최왕준님도 앞집에 사셨던 마을 어르신 권유로 철도와의 인연이 시작되었다.

"모내기 하다가 허리가 안 좋아져서 고등학교 3학년 때 허리 수술을 했어요. 그래서 집에 쉬고 있는데 우리 앞집 아저씨가 철도청 다녔어요. 김찬식 어르신 그분이 철도역 그 당시에 검수에 계셨어요. 서울역 차 고치는 거, 차량 검수 있잖아요. 너 한번 기관조사라는 시험을 봐봐라. 뭔지도 몰라요. 이러해서 시험이 있으니까 원서 한번 내 봐라 그러더라고. 그래서 서울역 가서 원서를 내고 왔죠. 3일 딱 공부하고 봤는데 되네요. 들어가서 보니까 영주 지방 사시는 분들은 학원까지 다니고 들어왔더라고요. 그런 거 전혀 몰랐는데. 어쨌든 간에 딱 3일 공부했어요."

25살에 전동차를 시작으로 33살 젊은 나이에 KTX를 몰게 되었다. 말하자면 KTX 개통 1세대인 셈이다. 어머님이 처음에는 빠른 거 타고 다니다가 무슨 일이라도 일어나면 어떨까 걱정을 많이 하셨다. 지금은 안정적인 직장이라고 좋아 하신다.
기차를 몰다가 마을 앞을 지나면서 있었던 재미난 일화도 있다.

"덕영대로 길이 뚫리기 전이에요. 수원 쪽으로 가다 보면 성대 가기 전 철길 바로 옆이 우리 밭이었어요. 길이 뚫리면서 밭이 수용돼서 들어갔어요. 기관차를 타고 의왕에 시멘트 펄프 받아서 거기 지나가다가 밑에 보면 어머니, 아버지가 일하고 계세요. 그러면 기적 한번 빵 울고 가는 거야. 한번 쳐다봐 이렇게. 아들이 가나 어쩌나 한번 쳐다봐요. 옆에 기관사가 '여기 사람도 없는데 왜 기적을 쓸데없이 쓰냐?'고 물어요. '사실 저희 어머니하고 아버지하고 일하고 계셔서 한번 불어봤어요.' 그다음부터 우리 밭 지나갈 때마다 기관사가 기차를 세우는 거예요. 그러더니 기관사분이 큰소리로 '어머니~' 하고 부르는 거야 거기서. 그런 적도 있었어요. 쳐다보고 손 흔들어주고 가고. 사실 기차는 그러면 안 되거든요. 참 웃기는 일화죠. 지금은 절대 그럴 수 없죠."

1 초가집일 적 우리집
2 집앞 마당, 할아버지 환갑 잔치

아쉬운 소리하면서도 지금껏 농사지어온 우리 어머니

술 좋아하고 농사일에 재미가 없으신 아버지를 대신해 어머님이 농사일이며 나물 장사며 고생이 많았다.

"우리 아버지는 느려도 너무 느리신 분이라 충청도 분도 아닌데 겁나게 느려 버려요. 그래서 한 걸음 한 걸음 걸어갈 때 걸음이 너무 느려서 다른 사람이 맞출 수가 없어요. 같이 살려니 속이 뒤집어지는 거죠, 우리 어머니는. 우리 아버지 또 논에 풀 좀 깎아 오라고 하면 다른 집 논 가서 풀 깎다오고. 그러니 저희 어머니가 속이 안 터지시겠어요? 그냥 환장하는 거지. 얼마나 속이 터졌겠어요. 한두 번도 아니고. 아버지는 또 아침 드시고 소주 한 병, 점심 드시고 소주 한 병, 저녁 드시고 소주 한 병."

다른 집은 아버지가 직장을 다니면서 농사짓고 자급자족하면서 사는 집도 있었는데, 아버지는 물려받은 땅으로 농사만 하셨다. 어머니는 농사지은 오이, 토마토, 참외 등 각종 나물을 지금 도깨비시장에 내다 팔았다. 지하철 몰면서 쉬는 날에는 어머니를 도와 트럭으로 시장에 내다 팔 물건을 실어다 주곤 했다.

"우리 어머니 것만 실어다 준 게 아니라 동네 분들도 같이 하잖아요. 트럭 문이 닫히지도 않을 정도로 잔뜩 실어. 끈으로 묶어서 짐 싣고 어머니도 차에 타고. 그렇게 할머니들 다 그렇게 시장에 태워다 주고 또 나는 오고. 점심 드시고 1시쯤 가서 한 5~6시쯤 내려오시죠. 어떨 때는 내가 없는 날은 마을버스도 타고 들어오시고."

벌써 20년 전의 일인데, 롯데마트 맞은편에 김밥천국이라고 있었다. 어머님이 그 앞에서 장사를 하셨다. 그리고 장사하고 남으면 오이라든가 호박이라든가 자릿세 대신에 야채를 가게에 줬다. 초평리 분도 계셨고 월암리 분도 계셨다. 월암리에서 장사하시는 분들은 팔려고 농사짓는 게 아니라 가족이 먹으려고 키운 걸 파는 거라 약 없이 키운 자연산이나 마찬가지였다.
이후로도 어머님은 농사를 지어왔다. 논농사를 지으려면 모 심을 때 이앙기 필요하지, 정미소까지 싣고 가려면 트럭 필요하지, 추수할 때 콤바인 필요하고, 새참 줘야 하고. 그렇다고 농사해서 벌어들이는 수입이 많지 않으니 농기계를 살 수는 없었다. 동네분들께 아쉬운 소리 하면서 지금껏 농사를 지어 왔다.
마을 삼거리 윤명수 어르신 댁 앞에 논이 부모님이 물려받은 논이다. 지금이야 좋지만, 옛날에는 층계논이라, 가물 때 물대기 힘든 논이었다. 어머니가 25년 전쯤에 불도저로 밀고 개간해서 두 개로 만든 거다.
어머님이 며칠 전에 부곡으로 이사 가셨다. 그런데도 도룡마을에 농사거리 다 만들어 두고 가셨다. 어제도 왔다 가시고 내일도 와야 한다고 한다. 무릎만 아니면 지금 당신이 왔다 갔다 하시는 건데 무릎 때문에 마음대로 안 된다 한다.

도롱마을의 미래는 마음속에

27살에 결혼하고 20년 가까이 나가 살았다. 도롱마을에는 일주일에 서너 번씩도 오고 자주 오지만, 마을 돌아가는 상황은 자세히 몰랐다고 한다.
마을에 상조회 모임이 있는데 모임에 나가면 나이가 제일 어린 축이다. 마을에 상이 나서 상여가 나가면, 상여는 결혼한 사람만 지게 된다. 결혼 전에는 상여를 못 메니까 산소를 팔 때는 삽질 같은 잔일을 해야 했다. 결혼하고 나서 산소에는 별로 안 가고 상여를 멨다.
예전에는 교통이 안 좋아서 너무 힘들어서 이 동네가 싫었다고 한다. 시골은 싫고 도시가 좋은데 이곳은 도시하고 가까워서 좋았단다. 나이가 내일모레 쉰 살이 되어 가니까 이제야 시골이 좀 괜찮구나 생각이 들었다고. 작은 애 대학만 보내놓고 나면 여기 다시 집 짓고 살려고 했었다고 한다.

"도롱마을의 미래 없어졌잖아요, 이제. 마을이 있으면 그래도 여기서 다시 와서 살면 여기서 농사도 하고 그러는데 마을 자체가 없어지는데. 글쎄 마음 속에만 있는 거지, 미래라는 게 있을까요, 지금은? 그런데 사실 제가 생각을 했을 때 마을이 있을 때 여기서 사람들이 만났을 때에 정이 있는 거지 다 뿔뿔이 흩어지면 글쎄 그 여기서 살 만큼의 그만큼의 정이 있을까 모르겠네요. 얼굴 보면 인사나 하는 정도이지 어떻게 할 수 있는 방법이 없잖아요."

마을의 미래는 사람들이 함께 살고, 함께 만났을 때 있다고 말하신다. 그러니 마을의 미래는 지금, 여기에서 만들지 않으면 안 되는 일이다. 우리는 어떤 미래를 만들며 살고 있는지 숙연한 마음이 들었다.

우리가 도룡마을에서 살았어요

마을집, 셋

조태환

눈에 보이지 않는
마을의 가치를 봐달라

뜨거운 5월의 여름햇살 아래, 마을에 남아있는 사람들이 서로를 도우며 논을 일군다. 대부분의 사람이 전업농인 도룡마을은 주변에 많은 논밭이 있다. 주변을 돌아보니 넓은 들을 가로지르는 트랙터와 흙바닥에 차곡차곡 쌓여가는 모판이 보인다. 올해의 마지막 농사이자, 도룡마을에서의 마지막 농사다.

1　(우)조태환님의 어머님
　　(좌)이범식님의 어머님
2　논을 바라보며

이 동네 쌀만큼 맛있는데 없다

"여기 쌀이야 좋죠. 정말 맛있어요. 정성이 들어가니까 밥맛이 차져."

동네에서 나는 밥맛이 어떠냐고 묻자 조태환 어르신이 그렇게 대답했다. 그의 이야길 곁에서 함께 듣고 있던 다른 사람들도 모여 들더니 "이 동네 쌀만큼 맛있는 곳은 없다"며 한마디씩 거들었다. 어떤 요리든 만드는 사람의 정성이 들어가면 그 깊이와 맛이 다른 것처럼, 쌀도 농부가 그것을 잘 키우고 돌보지 않으면 맛이 없어진다는 것이 그의 말이었다.

"어려서 농사했지. 어려서. 평생 지었어."

올해 67세. 20대 초반부터 시작하여 평생을 이 동네에서 농사를 지어오며 살아왔다고 하는 조태환 어르신은 마을에서 농사를 가장 잘하는 것으로 유명하다고 했다. 이웃에서 새참으로 내온 전을 한입 먹고, 하얀 종이컵에 담긴 술을 홀짝이며 조태환 어르신은 한창 모내기 중인 논밭을 가리켰다.

"여기 다랑치가 여러 개 있었는데, 불편하니까 흙바닥도 이렇게 하나로 만들고. 층층이, 논은 수평을 잡아야하니까, 그래야 물이 고르지니까요. 그래서 거기에 흙을 메꿔서 하나로 만들었지."

옛날엔 마을 안이 온통 다랭이 논이었다. 층층이 계단식으로 줄지어 있었던 것을 농사하기 편하게 한자리로 크게 메꿔서 만든 것이 지금의 논밭이라고 한다. 오래 전부터 건논이 많았던 도룡마을은 지금도 거름기가 많고 질이 좋은 자리가 많아 농사를 하기엔 참 좋은 곳이다.

"예전엔 가지고 있던 논이 한 3,000평 가까이 되었는데. 밭으로도 좀 하고. 밭은 그렇게 안 컸죠. 밭에는 그냥 먹을 거 심는 거예요. 팥도 뭐 심고 이런 식으로. 빨간 팥이랑 참깨 심고."

동네에서 가지고 있던 논이 제일 많았었다고 하는 조태환 어르신은 논과 밭에 쌀뿐만이 아니라 팥과 참깨도 심어 키웠다. 가족들끼리 소소하게 먹을 채소 같은 것도 밭에서 심어 키우고는 했다. 올해는 이것이 마을에서 하는 마지막 농사가 될 것이라 이야기하는 조태환 어르신.

농사로 일하고 팔아서 벌어먹고

"예전에 여기가 묵이 유명했어요. 도토리묵도 해서, 저쪽으로 팔아서 자식들 가르쳤어요. 도토리는 산에 많으니까 주워서 하고, 두부는 공장이 있었거든요. 마을 사람들이 각자 자기 집에서 손두부해서. 영등포 시장이 도매시장이잖아요. 거의 다 거기로 가져갔어요. 이고 지고, 차타고."

동네에 오래 살았던 사람들은 근처 산에서 도토리를 주워다가 묵도 많이 쑤었다고 한다. 월암부추나 오이 같은 유명한 작물들도 있었지만, 부담 없이 키워 먹을 수 있는 콩 같은 것들도 많이들 밭에 심고는 하였다. 작물을 팔려면 큰 도매시장으로 가는 것이 가장 좋았다. 일부러 먼 영등포 시장까지 짐을 지고 나가서는 너나 할 것 없이 장사를 했다. 동네 사람들끼리 모여서 차를 타고 나가는가 하면, 짐을 잔뜩 지고 기차에 올라타는 주민도 있었다. 북적이는 기차 안에 짐을 한가득 싣고 올라타면 싫어하는 사람도 있지 않았을까? 궁금한 마음에 슬쩍 물으니 조태환 어르신이 태연하게 웃으며 대꾸한다.

"기차에서 싫어했는지 안 했는지 누가 알아요? 기차에서 역장이 지랄하거나 말거나 차용증 갖고 파는데, 뭐."

부지런히 가져다가 팔아도 마을 사람들의 살림은 늘 빠듯했다고 한다. 당시엔 먹고 살고 자식들을 키우는 데만 해도 엄청나게 힘이 들었다. 그리고 그것은 조태환 씨네 가족도 마찬가지였다. 아버지가 앞서서 농사를 지으시면 어린 시절 조태환 어르신은 그것을 옆에서 열심히 도우며 일했다. 3, 4년간 열심히 일을 하고 매년 가을에는 수확한 작물들을 팔고 또 팔았지만, 매상에서 떼어낸 돈으로 영농장의 돈을 갚고 나면 벌어둔 것은 금세 없어지고는 했다.

"나는 내 용돈 주머니를 못 갖고 다녔어요. 친구들하고, 친구들이 술 한 잔 먹자 해도 내가 두 번 얻어먹으면 한 번은 사야 하는데 그게 없어서 친구들도 못 만났어요."

친구들에게 밥 한 끼, 술 한 잔 사는 것도 어려웠던 시절이었다.

집집마다 농기계를 들여놓고

지금은 농사일을 기계가 다하게 되었고, 음식도 시켜먹으면 되었지만, 옛날에는 농사를 한 번 하려면 수십 명의 일손을 얻고, 사람들을 일일이 챙겨가며 일을 해야 했다.

"옛날 같으면 사람을 수 십 명 얻어서. 밥을 아침 해 먹이지, 점심 먹이지, 새참 먹이지, 또 깔딱술이니 해서 먹지. 술을 여섯, 일곱 번을 마시는 거예요. 이게, 술 내가는 게. 그러면 안에서도 참 힘들었지. 음식장만 하는 게."

기술이 발전하고 시간이 흐르자, 도롱마을에서 일을 하는 농사꾼들은 대부분 다 집에 한 대씩은 농기계를 두게 되었다고 한다. 본래 몇 백 평, 몇 천 평이나 되는 부지를 일구는 데만 하루 종일 걸리던 일이 기계를 써서 쭉 미니 고작 몇 시간 만에 끝났다. 처음에는 모두가 낯설어했던 기기들은 이제 농부들에게는 없어선 안 될 손발 같은 것이 되어버렸다. 없는 집은 이웃의 농기계들을 빌려다 쓰기도 했다.

"이건 국내에서 나온 거. 근데 외국 일제들이 많아요, 농기계는. 새것은 못 사고 중고사서 쓰는 거지, 한철 쓰는 건데, 사실 따지고 보면 농기계 값이 너무 비싸지. 우리 형제도 다 가졌어, 나도 이양기 1대 있지. 콤바인 셋이서 가지고 있지, 서로 각자 있는 거예요."

지금은 어디서든 국산 제품을 최고로 치지만, 예전에는 일본이나 미국에서 나온 농기계들이 성능도 품질도 더 좋았다고 한다. 조태환 어르신도 그랬지만, 주변 사람들이 외국 일제 물품들을 많이 쓰고는 했다.

"이런 거는 간단하지만, 저 트랙터나 콤바인 같은 경우에는 뭐 하나 고장나면 백만 원에서 이백만 원은 기본이에요, 기본."

중고품이라고 해도 고가의 트랙터나 콤바인이 고장 나기라도 하면 큰 수리비가 들었다. 하지만 시간이 흐를수록 마을에서 일하는 젊은 농부들은 점차 줄어들고, 또 워낙 일손이 비싸다보니 농사를 계속 하려면 고쳐 쓰는 것 외엔 도리가 없었다고 한다.

"어느 정도 욕심을 내려놓잖아요. 농사지어서 뭐 먹고 살면 되는 거지, 이런 식으로 마음을 내려놓는다고. 솔직히 이야기해서, 내가 이거해서 돈 벌어서 이거 뭐. 원래 나는 생각이 잘되어 있는지 몰라도, 아들이 고등학교 다닐 때 내가 그런 이야기를 했어요. 아들이랑 딸 두고서 부모가 해주는 건 너희 결혼까지 만이다. 그 다음은 모른다. 근데 그게 부모 마음은 안 그렇죠. 나중에 잘되어야 할 텐데 하면서 솔직한 마음으로 그게 누구든지 자식이 잘되어서 남한테 칭찬받고 그랬으면 하지."

큰돈을 벌기가 영 힘든 직업중 하나가 바로 농부다. 농사로 일하고 벌어먹는 농부의 삶이란 어딜 가든 그런 것이겠지만, 그 이야기를 듣고 쓴웃음이 번지는 것도 어쩔 수 없는 일이리라.

눈에 보이지 않는 마을의 가치

요즘같이 기술이 발달하고 살기 편해진 세상에선 젊은 사람들은 대부분 농사일이 아닌 다른 일을 많이 찾는다. 조태환 어르신은 나이 먹은 어르신들이 더러 자식들에게 '흙 가까이 오지 마라'하는 말로 충고하는 것을 이해한다고 웃었다.

"자식들이 고생하는 게 싫어, 내가 고생을 해봤으니까. 하지만 사실은 흙 가까이 있는 게 좋은 거거든."

농사를 짓고, 마을에서 나이를 먹으며 살아왔다. 마을에 살고 있던 사람들은 하나둘 씩 떠나기 시작하고 그 빈자리는 점점 커지고 있었다. 지금껏 고생하면서도 잘 지내오던 마을이 사라진다는 것은 지금도 쉬이 받아들이기 어려운 일이다. 조태환 어르신은 안타까운 목소리로 말한다.

"땅 가치만 이야기할게 아니라, 이런 것들만 있는 게 아니라 사람이 있잖아요. 다랑치, 이거는 또 계단식이니까 홍수 예방도 되고. 그런 가치를, 보이지 않는 가치를 따져야지. 그런 가치를 뽑아 달라고 그랬는데, 그 가치의 근거가 없다고 보니까. 이런 건 필요하다고 봐요."

도룡마을은 넓었던 논과 밭에 새롭게 집과 도로가 들어서고, 많은 것들이 바뀌어온 동네였다. 하지만 그 속에서도 평생을 살아온 주민이 많았다. 자연을 즐기기 위해 이 마을에 새로 이사를 온 사람들도 많은 곳이었다. 이곳에서 살아온 사람으로서 안타까움을 늘어놓자면 끝이 없을 것이다. 눈에는 보이지 않는 마을의 진정한 가치를 모두가 알아주었으면 한다는 것, 조태환 씨의 간절한 바람이었다.

우리가 도롱마을에서 살았어요

마을집, 넷

김은희
조규환

외롭기는 뭐가 외로워,
외로워도 살아야지

마을회관 앞 언덕진 길을 따라 천천히 위로 올랐다. 익숙하지 않은 운동에 숨을 헉헉 몰아 내쉴 쯤이 되면 그 안쪽에 세워져있는 커다란 트랙터가 보인다. 진흙투성이인 트랙터와 마주보고 서 있는 집은 새파란 포도 잎으로 온몸을 두르고서 서있다. 나무와 함께 어우러진 이 집이 바로 조규환 어르신이 사는 집이다.

눈에 보이지 않외로워도 살아야지

개발을 앞두고 동네 사람들이 하나 둘씩 떠난 마을 외곽에 자리한 집은 조금 쓸쓸하고 외롭다. 인사를 나누며 외롭지 않으시냐고 물으니 조규환 어르신이 손을 내저으며 웃었다.

"외롭기는 뭐가 외롭겠어요. 외로워도 살아야지, 뭐. 나는 자연인이다 보면 그 산속에서 살고 그러는데."

말은 그래도 이제 떠나야하는 고향을 보는 눈은 착잡하다. 2, 3년 전만해도 밭이었던 자리에 새 건물이 들어서고 낯선 아스팔트길이 생겼다. 변화하는 마을의 모습과 그 속에서 함께 살아온 주민의 심정은 복잡하다.

젊은 항해사는 마을의 농부가 되었다

조규환 어르신은 아내와 단둘이 살고 있다. 마흔이라는 조금 늦은 나이에 결혼했다고 하는 조규환 어르신은 손님으로 찾아온 우리를 집으로 안내하며, 아내는 부곡 식당에 다니며 일을 한다는 이야기를 해주었다. 아내 분은 오전 10시면 자전거를 끌고 일을 나가고, 그는 농부로서 오늘도 손에 흙을 묻히며 일한다. 부부 슬하에 금쪽같은 외동딸이 하나 있는데, 지금은 중국에 있다는 이야기도 들을 수 있었다. 한 달에 한 번은 꼭 전화를 준단다.

"검다지, 검다지 알아요? 에이, 모르는데 왜 아는 척해. 저기 비봉 못가서 중간에 검다지라는 동네가 있어요. 어머니는 거기서 시집을 왔어."

조규환 어르신은 도룡마을에서 태어나고 자랐다. 형제는 2남 4녀의 다복한 7남매. 어머니께서는 꽃다운 열일곱의 나이에 화성시 비봉면에서 아버지가 있는 도룡마을로 시집을 오셨다고 한다. 어머니의 고향이었다는 검다지마을은 도룡마을과는 멀리 떨어진 동네였다. 지금이야 비봉으로 가는 버스를 타면 금방가지만, 그때는 그런 대중교통이 없었을 시기였다. 검다지마을은 이름 그대로 '검다'라는 뜻을 가진 동네였다. 바로 인근에는 새까만 뻘이 있고 새우 배들이 들어오고는 했었다고 한다. 어머니 고향에 관한 이야기를 듣고 자라와서인지 조규환 어르신은 바다에 대한 생각이 남다른 듯했다.

"여기가 조씨 집성촌이었어요. 그랬다가 지금은 다 없지."

어머니의 성함은 권언년, 아버지의 성함은 조병우. 아버지는 천직이 농사꾼이셨다고 했다. 피는 속이지 못하는 것인지, 어른이 된 조규환 어르신도 지금은 자연스럽게 도롱마을에서 논농사와 밭농사를 짓는 마을의 농부가 되었다. 하지만 그의 아버지도 젊었을 적에는 안양에 있는 삼영 하드보드라고 하는 합판 공장에 다녔었다고 한다. 조규환 어르신도 젊었을 적엔 농사가 아닌 배 타는 일을 하였다고 하니, 이 또한 조 씨 가족의 집안내력인가 싶었다.

"대전에 살고, 잠깐 배를 7년 정도 타다가 말았죠. 대서양에서 참치 잡았어요. 동원참치, 외양선 타고. 한 6개월 했었는데, 또 모로코랑 어디랑 하도 많이 돌아다녀서 다 기억이 안 나네. 배를 탈 때는 삼항사였지. 항해사 중에 말단이에요. 말단. 농사를 한 지는 34, 35년 됐나."

24살의 조규환 어르신은 동원참치 배를 타기 위해 저 멀리 인천으로 떠났다. 그곳에서 3주정도 안전교육을 받아, 항해사로서 선원수첩을 발급받았다. 그때 당시만 해도 간첩들이 많아서 안전교육을 받지 않으면 결코 선원수첩을 받을 수 없었다고 한다.

"처음에는 고생 무지하게 했어요. 전부 넘어오니까 먹으면 넘어오고."

대서양으로 나가 참치를 잡고, 배 한 척마다 한국 사람이 5명씩은 올라탔다. 조리사, 엔진을 다루는 기관장, 자신을 포함한 선원 인력들. 월급은 그렇게 많은 편이 아니었지만, 매달 1,000불씩을 선불로 받고는 했다. 고생하는 것에 비해 훨씬 적은 월급이었지만, 없는 집안 형편을 알기에 매달 꼬박꼬박 집으로 돈을 부쳤다.

"집에 돌아와서 보니까 월급을 다 보냈는데, 집에 남는 게 없어요. 꼬박꼬박 보냈던 돈이 하나도 없더라고."

6개월, 7개월마다 한 번씩 육지로 돌아왔는데 그때마다 고향에 오면 속상함이 쌓였다. 그렇게 돈을 보냈는데, 여전히 집은 힘든 형편 그대로였다. 지금이야 다 이해하고, 살지만 조규환 어르신은 그때를 생각하면 지금도 마음이 답답하다고 했다.

"집에 오니까 선원수첩을 누가 집어갔어. 집에서 배 타지 말라고 누가 없앴더라고. 또 나가려고 하니까 수첩이 없는 거야. 그래서 다시 갱신해서 가려다가 포기한 거지."

수첩을 훔친 범인은 여전히 오리무중이라고 했다. 자식이 가깝게 사는 것이 좋다고 이야기하던 그의 어머니를 생각하면, 어쩌면 범인은 그의 어머니였을지도 모른다.

1 트랙터 앞에서
2 가족사진

"그때부터 농사지은 거지. 아버지 거 물려받아서. 농사일은 내가 하고 싶으면 하지만, 뱃일은 시간 딱딱 맞춰야하고, 4시간마다 교대해서 잠자는 시간 이러니까 되게 바쁜 거죠. 그거에 비하면 농사는 편하니까."

조규환 어르신은 아버지의 논밭을 물려받아 농사를 짓기 시작했다. 처음에는 소 쟁기를 달고 밭을 갈다가, 나중에는 경운기를 들여 끌고나갔다. 6마력짜리 경운기가 들어오기 시작해서 지금은 8마력, 10마력 경운기가 들어오기 시작했다고 한다.

"옛날엔 다 다랭이 논이었죠. 밭도 소가 갈고 논도 갈고 그랬죠. 내가 기계를 잘 다루니까 어지간한 건 다 고쳐 쓰고. 동네 기계 고장 났으면 가서 고쳐주고 해요."

조규환 어르신은 마을의 농사꾼이자, 기술자였다. 항해사로서 일하며 배운 실력으로 동네에서 어느 집이 기계를 고쳐달라고 부르면 그리로 가서 고쳐주고는 했다. 보수는 받지 않고, 그저 술 한 잔 먹으라 하면 그거 한 잔을 받아먹고 오곤 했다는 그는 지금도 몇 남지 않은 마을 사람들이 자신을 부르면 기계를 고쳐주러 간다고 이야기했다.

몰래 먹던 막걸리 맛

"우리 동네에서 가게가 딱 두 집이 있었는데. 최병희 씨라고, 최진구네. 그 집 어머니가 구멍가게 같은 걸 하셨죠. 최진구네 집인데, 그 돌아가신 형이 있어. 형님 이름이 성구야. 그래서 보통 성구네라고 불렀고. 여기서 필요한 건 다 팔았지. 하나는 또 마을회관에 있었죠."

도롱마을엔 물건을 사고 팔 수 있는 상가가 거의 없었다. 동네 있는 작은 가게라고는 진구네 집이 했다고 하는 자그마한 구멍가게 한 곳과 마을회관 쪽에 있었다는 가게 하나, 그리고 월암1리 저 너머에 막걸리집이 몇 개 있는 것이 다였다.

"진구네 집이 장사하기 전에 이발소를 했지. 저기 최병복 씨도 이발을 했어요. 그땐 뭐 이발소를 차린 게 아니라. 가위 하나 놓고, 이렇게 바리깡이라고 해야 하나 뜯기는 거 갖다 놓고 그냥 머리 깎아준 거지, 뭐."

마을에 있는 가게들은 다들 특별한 이름이 없었다. 동네에 사는 사람들끼리 다 얼굴을 아는 사이였기 때문에 모두가 마을 어디 사는 누구네 집이라고 하거나 담배를 팔면 담뱃집 하는 식으로 불렀다고 한다.

"막걸리를 먹으려면 그리 넘어가서 먹고 했어요. 아버지도 막걸리 사오라 하면 노란 주전자 있잖아요. 그걸 들고 가서 사갖다 주고."

조규환 어르신은 아버지의 술심부름을 할 때면 돌아오는 길에 몰래 입대고서 마시고는 했다고 한다. 목이 타면 한 모금씩 마시던 것이 어느새 두 모금이 되고, 자꾸 그렇게 마시다가 혹시나 양이 너무 줄었다 싶으면 아버지 몰래 주전자에다가 슬쩍 물을 타기도 하였다고 한다. 술을 좋아하셨다는 조규환 어르신의 아버지처럼 어른이 된 그 또한 술을 좋아하게 된 것은 그런 소소한 추억이 있기 때문이 아닐까.

동네 떠나더라도 이건 안 없어져

상조회나 청년회같은 마을 모임에 대해서 묻자, 조규환 어르신은 지금도 이어가고 있는 모임이 많이 있다면서 이야기 해주었다.

"처음에는 모임이 없었어요. 도룡회 모임도 이렇게 뽕치다가, 뽕이라고 짝 맞추는 거 있어요. 계산해서 점수 내는 거 있는데, 그거 하다가 부곡 나가서 칼국수 먹는데 우연치 않게 모이자고 해서, 모이면서 그렇게 만들어 놓은 거야."

만 40세부터 60세까지 나이 제한을 정해놓고, 마을에 사는 선후배들이 모여 친목을 다지자는 의미에서 만든 마을모임이 바로 도룡회였다고 한다. 만들었을 적만 해도 20명 정도가 모인 제법 큰 모임이었지만, 지금은 12명 정도밖엔 되지 않는다고 한다.

"이게 40살이 되면 들어오기도 하고 그러는 게 아니야. 못 들어와. 그게 왜 그렇냐면 나이 차이가 너무 나거든. 60대, 그때 당시에 60대 된 분들이 지금은 75세, 76세 됐단 말이에요. 그러니까 아들 같은 사람들하고는 못 논다하고 안 껴주는 거예요."

모임을 통해 다 같이 먹고 마시고, 달마다 모으는 회비로 여행도 몇 번 간 적도 있었다. 그때도 지금도 변함없이 도룡회의 회비는 1만 원씩으로 정해두고 있다고 한다. 1년에 12만 원 씩 모인 회비는 때로는 모임에 속한 사람들이나 마을의 경조사를 위해서 쓰이기도 했다.

"회장은 안했어. 다른 사람 시켰지. 당제 지내도 머슴, 동네 반장을 해도 또 머슴. 남 뒤에서만 잘하지, 나서는 게 싫으니까. 회관에서도 고기 굽는 거 담당. 마을회관에 보면 고기 굽는 거 있죠? 그걸 내가 갖다 놓고 그것도 내 담당."

손재주가 워낙 좋았던 탓인지 마을 모임이나 행사가 있을 때면 늘 무슨 일을 맡는 것은 조규환 어르신이었다. 그는 자신이 마을을 위해 부지런히 일하던 머슴이었다고 했다. 도룡회를 만드는데 제법 큰 역할을 했다는 그는 남 앞에 나서는 것이 싫어, 회장직을 자신이 맡지 않고 다른 사람에게 맡겼다 웃었다.

"지금은 동네를 떠나더라도 계속 모임을 이어가고, 이거는 앞으로도 안 없어져요. 상조회도 안 없어지고."

송진을 긁어먹던 어린 시절

"부곡초등학교 다녔지. 한 15분 거리일걸. 산 이게, 산꼭대기에요. 도로 나는 게 그게 산이었어요. 그래서 걸어 다녔어. 겨울에는 눈에 빠지고 그랬어요."

지금처럼 신식집이 아니었던 시절, 낡고 조그마한 초가집 안엔 자신을 포함하여 일곱이나 되는 남매들이 바글바글 모여 살았다. 그 당시엔 흔히 볼 수 있는 ㄱ자로 생긴 작은 집이었다. 방이 두 개가 있었고, 마루가 하나, 부엌이 하나 있었다. 그 좁은 방 안에서 7남매가 모여 자랐다. 부모님과 할머니가 늘 남매들을 돌봤지만, 원체 아무것도 없다 살다보니 어릴 적엔 귀여움을 받기보다는 먹고 사느라 바빴던 기억이 많다고 했다.

"어려웠지. 오죽했으면 배가 고파서 학교 갔다 와서 밥이 없으면 산에 올라가서. 송진, 있잖아. 송진. 그런 거 긁어 먹고 살았는데."

밥솥이 텅 빈 것을 알아도 철없이 밥을 해 달라 조를 수 없었던 때였다. 지금 생각해보면 어떤 것이 맛있었는지 생각할 겨를도 없었다고 이야기한다. 지금처럼 맛을 음미해서 먹는 것이 아니라, 당장의 배고픔을 채우는 일이 우선이었던 시절이었다.

생계를 위해서는 한 사람의 손이라도 더 필요하던 때, 그는 농사일도 돕고 집안일도 하느라 어머니가 가장 고생이 많으셨다고 회상했다. 손재주가 좋으셨던 조규환 어르신의 어머니는 샛노란 아로나민 통에 떨어진 단추를 한가득 모아두고는 하셨다. 7남매의 옷에서 단추가 떨어지면 그것을 새로 달아주는 것은 늘 어머니의 몫이었다.

"겨울이면 미꾸라지 잡아다 추어탕 해먹고 그랬는데. 논바닥에 논 물을 빼면 이렇게 땅속, 진흙 속에서. 라면도 그 당시에는 귀했잖아요. 그때 국수 같은 거 끓여서 그거 먹고. 추어탕국이라고 말하지. 천렵국이라고도 하고. 우리가 끓여먹는 거야, 남자끼리."

조규환 어르신은 매해 겨울이면 동네에서 아는 형, 동생들끼리 모여 논바닥을 긁어 미꾸라지를 잡았다고 이야기했다. 국수를 한가득 넣어 천렵국을 끓이기도 하였고, 때로는 집집마다 돌아가며 밥을 해먹고는 했다.

"동네는 여기가 조용하고 좋았어요. 그러다가 그냥 하나 둘, 건물 크게 들어오는 바람에 동네가 버렸지. 전부 흙 덮고 그래서."

변화로 인해 생활이 편리해진 것은 분명하지만, 그 아름답던 풍경이 이렇게 단조롭게 칙칙하게 변해버렸다며 조규환 어르신이 한숨을 내쉬었다. 그리고 이제는 이 마을 자체가 개발로 사라진다고 한다. 어쩔 수 없다는 것을 알지만, 한숨과 아쉬움만이 깊어져간다. 그리움 가득한 눈으로 조규환 어르신이 말했다.

"내 기억에는 그때가 참 좋았던 것 같아. 뚜렷하게 큰 건 없고 그냥 좋았던 것 같아요."

우리가 도롱마을에서 살았어요

마을집, 다섯

조익환 한혜숙

아직도 마을 곳곳을 뛰어다니던 게
생생하게 기억나요

조익환님을 처음 만난 게 어느덧 2년 전이다. 전원마을이었던 장안마을에 아파트가 들어서면서 마을이 흔적도 없이 사라지는 모습을 보고 도시개발 예정지인 월암에 대한 기록을 남겨둬야겠다는 생각이 들어서 추진한 만남이었다.

월암 도룡마을 창녕조씨 이야기

의왕의 역사와 문화를 공부하면서 『의왕시사』를 읽다가, 도룡마을에는 조상대대로 살아온 대표적인 성씨가 있는데 그 중 하나가 창녕조씨라는 것을 알게 되었다. 마을기록과 더불어 조씨 집안에 관한 이야기도 궁금해져 조익환님과 만나기로 했다. 마침 조익환님이 창녕조씨 집안의 이야기를 책자로 만드는 일을 하고 계셨다.

1580년쯤 도룡마을에 정착했을 것으로 추정하는 창녕조씨는 지금도 매년 음력 10월 첫째 일요일에 종친들이 모여서 도룡마을 제실에서 11대부터 시제를 지내고 있다고 한다. 조익환님은 조선시대 중기에 최씨, 도씨, 이씨, 조씨가 월암에 들어와 대성을 이룬 것 같다고 했다.

1580년쯤 월암동에 정착했을 것으로 추정되는 창녕조씨는 지금도 매년 음력 10월 첫째 일요일에 종친들이 모여서 월암동 제실에서 11대부터 시제를 지내고 있다고 하셨다. 조익환님은 조선시대 중기에 월암에 최씨, 도씨, 이씨, 조씨가 대성을 이룬 것 같다고 했다.

"창녕조씨가 여러 개 있는데 옛날 파라는 것은 벼슬을 하면 파가 생겨요. 손이 생기다 벼슬을 하면 파가 생기죠. 1700년 이때 대부분 족보가 생긴 것 같아요. 그래서 45대로 나오지만 대부분 성씨가 40~45대로 나가요. 동인, 서인 그 당시 있을 때 양반 하면서 족보가 그 당시 만들어 졌던 걸로 알고 있어요. 300~400년 전이예요. 저는 창녕 조씨 45대거든요."

출생신고를 줄줄이 미뤄서

조익환님의 형님이 학교를 들어갈 당시는 월암에서 반월초등학교를 다니는 학생이 많아서 모두들 반월초등학교까지 걸어서 가곤 했다고 한다. 조익환님의 형님도 초평2동을 지나 도마교동을 거쳐서 반월초등학교로 등하교를 했다. 아이들 걸음으로 학교를 오가기에는 먼 거리라서 당시엔 아이들이 제 나이에 학교를 가는 경우가 드물었다. 아이가 태어나면 출생신고를 미루고 보통 1~2년은 더 지나서 나이를 줄여서 출생신고를 했다. 처음에는 학교 가는 것 때문에 출생신고를 미루었던 것이 나중에는 하고 싶어도 할 수 없는 지경이 되었다. 집집마다 형제가 많은 시절이었는데, 형부터 출생신고를 줄줄이 미뤄서 나중에는 하고 싶어도 할 수 없는 지경이 되었다니 웃기지만 안타까운 이야기다.

"그전 사람들은 출생신고를 늦게 해서 우리 학교 다닐 때 2, 3살 많은 사람들과 같이 학교 많이 다녔어요. 지금 같으면 있을 수 없는 일이고. 여기서 반월학교 다닌다는 게 초등학교 7살, 8살에 그렇게 멀리 학교를 걸어 다닌다는 건 있을 수 없는 일이었어요. 그래도 마을에서 산다는 분들이니까 학교를 보내지 어지간하지 않으면 학교를 못 보내요. 저는 부곡초 18회인데 우리 형님은 반월초 1학년 다니시다가 여기를 초등학교 1회로 오신 거예요."

이곳에 마을이 있는지도 몰랐다

조익환님 부모 세대, 그러니까 일제시대에는 월암과 초평리 사람들이 왕래가 잦아 서로 옆 동네라고 생각할 만큼 자연스러운 관계를 맺고 있었다. 당시는 왕송저수지가 없고, 들판이 있었다고 한다. 개천이 가운데로 흘러 고색 쪽으로 내려갔는데 나중에 이를 막아서 저수지를 만들었다고 한다. 왕송저수지 쪽에 조씨 집안의 산소가 있었다고 하는데, 아마도 나중에 이장한 것으로 보인다. 왕송저수지 자리 가운데에 한천이라는 개울이 있었다고 한다. 창녕조씨 족보에 이 한천이라는 지명이 나온다고 알려주셨다.

"전쟁도 나면서 일제 강점기에 저수지를 막은 거죠. (저수지를) 농사에 사용해 쌀을 수탈할 목적이 있었을 듯(해요). 예전 학교 다닐 때 큰집이 반월초등학교라는 거예요. 부곡학교가 분교가 됐으니까 여기는 작은집. 운동장 가운데가 반은 화성군이고 교실은 시흥군, 행정적으로 안양 쪽은 시흥군이었다고."

월암2리는 6.25 때도 인민군이 들어오지 않을 정도로 마을이 있는지 없는지 모르는 동네였다. 부곡에서 보면 고개가 하나 있는데, 작은 고개라 했고 그 위에 월암 올라가는 고개를 큰 고개라고 했다. 부곡초등학교 운동장에서 도룡마을을 보면 산은 보이지만, 그 안에 마을이 있다는 걸 알 수 없었다고 한다. 월암은 자연재해를 크게 겪은 적이 없을 정도로 살기 좋은 마을이었다고 한다.

"월암동 마을을 삼태기처럼 생겼다 했어요. 사방이 산으로 둘러 싸여 있고 철길이 가운데 딱 막아 있을 뿐이지. 첫째 지대가 높으니까 비가 와서 물난리는 겪을 일이 없죠. 배수가 잘되고 덕성고개로 떨어지는 물에 따라서 달라질 수가 있는데 이쪽은 왕송저수지로 내려가고 저쪽은 수원, 평택 쪽으로 내려가요. 재해라는 거는 신경을 안 썼어요."

조익환님이 어린 시절에는 초평리 사람들도 월암을 거쳐서 율전, 천천동으로 넘어갔다. 수원 우시장이 지금의 북문 옆 주차장 자리에 있었는데 초평리 사람이나 월암 사람들이 소를 팔러 소를 끌고 가는 모습을 자주 봤다고 한다. 지금의 밤밭 공원에 연못이 있는데 그곳은 조익환님이 중학교 때 생겼다고 했다. 조익환님의 부모님도 처음엔 머리에 이고 지고 수원으로 장보러 걸어 다녔고, 그러다가 부곡에 상권이 생기고 나니 부곡으로 다니기 시작했다.

일곱 살에 천자문을 뗐다

조익환님의 어린 시절은 누구나 살기 힘든 시절이었다. 그 당시는 집집마다 아이들도 많았고 10남매를 둔 집들도 드물지 않았다. 조익환님 집도 6남매였다. 그 당시는 도롱마을도 다들 어렵게 살 때라 식구들이 배불리 먹기가 쉽지 않았다. 학교는 잘 사는 집에서는 보낼 수 있는 곳이었다.

"학교라는 것은 그 당시 많이 못 다녔어요. 잘 살아야 학교를 가지, 중간 정도 살아도 보낼까 말까였어요. 우리도 학교 갔다 오면 가방내려 놓고 소 풀 먹이고, 우리가 어렸을 때는 우리가 이 마을에 최고 부자였어요."

조익환님의 할아버지는 땅에 관심이 많으셔서 돈을 벌면 땅을 사셨다고 한다. 고향을 떠나 외지에서 고생하다가 고향에 돌아와서 하나뿐인 아들인 조익환님의 아버지를 앉혀놓고 독선생에게 공부를 배우게 했다고 한다. 덕분에 조익환님의 아버지는 마을에서 한자를 잘 쓰고 한문을 잘 알기로 유명했다고 했다.

"시골에서 없이 살면서도 10년을 공부를 가르치셨는데, 우리 아버님은 학식이 있으시니까 동네 마을에 집을 짓거나 할 때 상량에 글씨를 쓰시고, 또 부동산 계약서 작성을 해주고 그랬어요. 다른 사람은 읽지를 못하니까. 그 당시는 한문이 들어가지 않으면 글씨가 되지 않았어요. 그래서 정보가 빠르시죠."

조익환님의 할아버님은 아들이 50대가 될 때까지 직접 돈 관리를 하셨다는데, 돈을 모으면 땅을 사곤 하셨단다.

"우리 어렸을 때 보면 옛날에 환약통 있어요. 항상 돈을 재 넣고 감추시고 땅 산다 그러면 내놓으시고, 일 년마다 해마다 땅을 사셨어요. 월암 땅을 많이 사다 보니까 월암동이 천수답이에요. 우리 어렸을 때 저수지 밑에도 30마지기 샀다고 그래요. 거기는 경지정리가 되고 물이 잘 내려오니까 물 걱정이 없다고 해가지고 사셨어요."

조익환님도 어릴 때부터 마을에 사는 할아버지한테 일 년 동안 한자를 배워서 일곱 살에 천자문을 뗐다. 지금으로 치면 신동인 셈이다. 할아버지가 나무에다가 먹을 갈아 쓰고, 다 쓰면 걸레로 지우고 또 쓰고 그랬다고.

"쓰는 거는 할아버지가 나무에다가 먹을 갈아 쓰고, 다 쓰면 걸레로 지우고 또 쓰고 다 쓰면

종이가 없으니까 비료포대, 지금은 비닐로 나오는데 예전에는 누런 종이 겹겹이 얇은 거를 잘라서 꿰맸어요. 종이 얇은 거를 빌빌 꽈가지고 송곳으로 종이를 뚫고 했지. 그런 식으로 초등학교 들어가기 전까지 공부를 했죠."

옛날에는 4학년부터 교과서에 한자가 섞여 나왔는데, 조익환님은 마을 할아버지에게 천자문을 배운 덕에 한문에는 자신이 있었다고 했다.

"국어책에 한문이 섞여 나와요. 저 같은 경우는 한문이 굉장히 자신 있더라구요. 중학교 1학년인가 2학년 때 한문이 없어 진거예요. 67, 68년 쯤 한문이 없어진 거 같아요."

67년도에 중학교에 입학했다. 수원북중학교로 다녔는데 그때는 수원북중학교, 수성중학교, 삼일 중학교, 수원중학교, 이렇게 4개밖에 학교가 없었다고 한다. 천천동을 지나서 정자동으로 걸어서 다녔는데, 아침 6시30분에 나가면 한 시간 반 정도 걸려서 도착했다. 당시엔 시내버스가 하나 있었는데 반월에서 원호원으로 가는 노선으로 경기대 아래가 버스종점이었다. 월암에서 버스를 타러 입북동까지 걸어 나가도 30분은 걸어야 해서 그냥 걸어서 학교를 다녔다고 한다. 수원까지 걸어 다니는 한 시간 반 정도는 먼 것도 아닌 시절이었다.

그때 그 시절, 마을의 행사

유년시절, 그 시절엔 주로 어떤 놀이들을 했었는지 들려달라고 부탁을 드렸다. 사방치기, 땅따먹기, 팽이, 구슬치기, 딱지치기 등을 하며 놀았던 기억이 난다고 하셨다. 지금은 대부분 화장을 하지만, 그 시절에는 대부분 매장을 하기에 마을마다 산소가 있었다. 월암에도 큰 산소가 있었는데, 골대를 양쪽으로 만들어 놓고서 점심만 먹고 나면 거기서 놀았다고 한다.

"돼지 오줌보에 바람을 넣어서, 지금은 산소가 적지만 그때는 산소가 마을에 한두 개씩은 있었어요. 거기 가면 꼴대를 양쪽으로 만들어 놓고, 점심만 먹고 나면 거기서 놀았죠. 운동장이 없으니까. 겨울에는 쥐불놀이를 했는데, 그 당시는 산에서 나무를 해다가 땔감으로 썼는데 갈퀴로 해서 굴참나무다 뭐다 불이 떨어져도 불이 나지 않습니다. 맨흙이니까. 또 철길이 있으니까 철길에서 침목 쪼가리 난 걸 주워다 하는 거예요. 거기에 불이 붙으면 잘 되요. 깡통에 기름불 붙이면 되요. 산에서 쥐불놀이 했어요, 산이 높으니까. 월암2리 정상 산에서 마을로 던져도 불이 안 났어요."

나무로 땔감을 하던 시절이라 어린 아이들도 땔감 하러 덕성산으로 넘어가고는 했다. 임자 있는 산은 산지기가 있어서 나무를 못하게 지키기도 했다. 그래서 임자 없는, 사람이 안 가는 인적 드문 데로 다녔다고 한다. 옛날에는 한참 뛰어놀 나이의 아이들도 농사일과 나무하는 일을 거드는 것이 당연한 시절이었다.

마을에서 전통으로 전하는 상조와 상여에 관한 이야기, 마을에 관해 기억나는 이야기들을 들려달라고 했다.

"어릴 때부터 상여가 있었어요. 친인척 아니면 상여를 메거나 하지 않았어요. 서낭 옆에 상여를 뒀다고 들었어요. 나는 못 봤어요. 2년에 한번 서낭에서 제사 지내는데 그때는 짚을 엮어다 했는데 지금은 슬레트 같은 걸로 되어 있어요. 시사 책에도 내용이 있어요. 월암에는 옛날에는 수원에서 장례꾼들이 들어 왔어요. 상을 당하면 옷을 다 꿰맸는데, 상주들이 입는 옷을 다 만들어 입었어요. 오늘 돌아가시면 동네사람들이 와서 옷을 다 꿰매는 거예요."

상조에 대한 부분은 『의왕시사』에도 있는데 쌀을 한 말씩 50~60명이 걷었다고 한다. 상을 당할 때 말고 결혼식을 한다고 해도 통지문을 접어서 마을에 돌렸다고. 자기 이름이 씌어 있는 출석부처럼 자기 이름에 동그라미를 치고 아주 못사는 집이 아니면 어느 정도 사는 집들은 다 자기 이름을 적어냈다고 했다.

"쌀 한말씩 몇 대 얼마를 내야 하는 공문이 나와 있으니까 누구 상을 당했으니까 계원 명부가 다 적여 있으면 '옆집에 갖다줘야 하는구나' 알죠."

1 누님 결혼식 날
2 조익환님의 아버님
3 손자들과 함께 / 손자손녀와 함께

우리가 도롱마을에서 살았어요

마을집, 여섯

최길순
조경환

막상 떠나려니까 울었어,
눈물이 나더라고

조경환, 최길순 어르신 부부의 뒤를 좇다 보니 어느새 웬 고택 앞에 섰다. 이를 바라보는 기록자들의 입에서 '와' 하는 탄성이 절로 나올 정도였다. 조경환 어르신의 할아버지부터 시작해, 조경환 어르신의 손자까지 합한다면 무려 5대를 내리 함께한 집이다. 젊은 시절 온갖 고생으로 다져진 조경환 어르신의 손처럼, 풍파 속에서도 용케 무너지지 않고 세월의 흔적을 그대로 지키고 있었다. 소를 기르던 외양간, 흙 묻은 호미, 허리 굽듯 휘어있는 기둥을 눈으로 쓸어내리시는 조경환, 최길순 어르신.

1 집안에서
2 그 집을 기억하며

열여섯 식구를 먹여 살리다

1936년 11월에 태어난 조경환 어르신과 1937년에 11월에 태어난 최길순 부부. 조경환 어르신은 도롱마을에서 태어나 자라던 농촌마을 아들이었고, 최길순 어르신은 저 멀리 충남 서해자락 강경의 딸이었다. 어떻게 연이 닿아 중매로 만나게 된 둘. 최길순 어르신에게 남편의 첫 인상이 어땠느냐 물어보았다.

"그때는 좀 잘생겼다고 생각했지."

지금도 잘 생기셨다고 거들어보니, 최길순 어르신은 "지금은 늙었잖아." 하면서 피식 웃으셨다. 그렇게 백년가약을 맺었을 때, 둘의 나이 24, 23세였다. 60년대 초, 당시엔 전기가 들어오는 곳이 드물었던 터라 최길순 어르신은 밤만 되면 우거진 수풀에서 호랑이가 나올 것만 같아 무서웠다고 한다. 그렇다고 시댁살이 자체가 고된 것은 아니었다고. 시부모님과 시할머님이 어찌나 자애로우시던지, 일 갖고 타박하던 것이 일상이던 그 시절에 꾸중 한 번 안내셨다고 한다.

"어머니가 일찍 돌아가셔서 동생들 뒷바라지를 다 했잖아요. 막내 동생이 우리 딸하고 동갑이야. 돈 찾아서 공부 다 시키고. 형제들이 이 분한테 아버지처럼 존경하는 그런 마음이 있지."

살갑게 대해주시던 시어머님이 갑작스레 돌아가시고, 부부는 덜컥 부모님 역할을 도맡아야 했다. 그 식구를 헤아려보니 열여섯이다. 눈앞이 캄캄한 상황에도, 둘은 좌절하지 않고 식구들 입에 밥 한 숟가락 넣어주기 위해 열심히 일했다.

"농사지어서 쌀을 한꺼번에 다 찌는 거야. 방앗간에 가서. 다 쪄서 쌀 담는 포대에 다 갖다 부어놔요. 그게 돈이잖아. 필요할 때마다 마차에다 쌀 담아서 부곡으로 나가는 거야. 그거 팔려고. 그거 팔아서 돈 쓰고 하다가, 정부에서 수매하기 시작하니까 그 돈 농협에 넣고 쓰고 했지."

아직 정부 수매 절차가 없던 시절, 식구들 먹여 살릴 돈을 충당하려면 그 무거운 것들을 마차에 싣고 부곡까지 나가서 팔곤 했다고 한다. 한 2천 평 되는 땅을 갖고 계셨다고 하니, 그 쌓인 쌀을 가늠하는 것도 보통이 아니다. 그렇게 부부가 열심히 일한 덕에 동생들도 학교 가고, 매끼 도시락 챙겨먹고, 남부럽지 않게 살 수 있었단다.

"그 어리고 졸망졸망한 시동생들이 그냥 한 데서 이불 하나 갖고 쓰고, 뒹굴고 또 자고, 그렇게 하고. 밥도 한 상에서, 한 방에서, 한 데 앉아서 살았으니까. 재밌어서 그렇게 힘들다곤 몰랐어요. 익환이 시동생, 그 양반이 참 짓궂어서 재밌었어요."

이제는 〈육남매〉 같은 드라마 속에서나 찾아볼 수 있는 정다운 풍경. 부부의 집은 그 흔적을 그대로 품고 있었다.

내가 부곡초등학교 1기야

찬찬히 기억을 훑던 도경환 어르신은 어느새 더욱 먼 옛날로 향했다.

"우리 집 안채는 내가 초등학교 다닐 적에 지은 거예요. 우리 할아버지께서 야금야금 눌러서 지어놓으셨더라고. 한 번에 지어놓은 게 아니고."

5대의 역사를 품고 있는 집. 과연 그것은 하루아침에 쉽게 세워진 것이 아니었다. 오랜 시간 가족들을 품을 수 있도록, 천천히 제 몸을 불려놓았기에 지금까지 이 자리를 지킬 수 있었던 것이리라.

조경환 어르신은 이곳 출신이라면 모두 다녔다던 부곡 초등학교 1기 졸업생이었다. 그 뒤를 이어 동생들, 옆 집 아이들이 입학했다. 떠올려보면 이들에게 부곡 초등학교는 마을 못지않게 추억을 함께 공유할 수 있는 공간일 것이다.

6.25때 집 뒤에 굴을 파서 숨었어

소년기의 어느 날, 도룡마을에도 전운이 감돌았다. 마을 사람들은 1950년에서 53년, 긴 시간 동안 낯선 이들로부터 도망 다녀야 했다. 조경환 어르신의 경우 처음엔 화성 남양으로 피난길을 나섰다고 전했다. 차를 탈 수 없으니 당연히 걸어 다녀야 했고, 언제 포탄이 떨어질지 모르는 긴장 속에서 떨어야 했다.

북한군이 크게 밀고 내려갔다가, 한참 후에야 다시 서울을 수복했을 때 다시 가족들은 도룡마을로 돌아왔다고 한다. 여기저기 집은 무너져있고, 누군가 머물던 흔적도 종종 보였다. 사람들이 말하기를 서울 사람들이 피난을 이쪽으로 왔다고 했다. 집으로 돌아온들, 그 긴장의 끈을 놓고 있을 수는 없었다.

이제 소년은 청년이 되어가고 있었고, 지나가는 군에게 걸리다간 어린 형제와 어머니를 두고 징용될 위기였다. 이에 나이를 어느 정도 먹은 동생도 위험하겠다고 여긴 조경환 어르신은 집 뒤에 큰 굴을 파놓았다. 그 곳에서 바로 아래 동생을 데리고 바깥사람의 눈을 피하곤 했다고 한다.

"굴 파놓고 우리 동생 인환이 감춰놓고 했지. 근데 지금이야 굴이 오래되어서 무너졌어. 못 봐."

밥 맛있기로 소문이 자자했어

조경환, 최길순 어르신 부부와 옛집을 돌아보던 중, 유독 눈에 들어오는 것이 있었으니 새까만 솥이었다. 분명 오래된 듯 보이면서도, 반질반질 윤기가 흐르는 것이 꼭 어제까지도 깨끗이 닦아 밥을 짓던 것 같았다.

앞서 열여섯의 식구를 책임져야 했던 최길순 어르신에게 솥은 남편 못지않은 짝이었다. 매일 학교 다니는 시동생들과 자녀들의 도시락을 한 사람당 2개 씩 챙겨주어야 하니, 그 밥 양만해도 산더미였다. 이렇다보니 최길순 어르신의 밥하는 실력이 타의 추종을 불허하는 수준을 넘어섰나보다.

집안에서는 논농사를 위해 일꾼 스물을 고용해서 저 멀리 당수리까지 가곤 했단다. 일꾼들을 굶기면서 일을 시킬 수는 없으니, 최길순 어르신은 아침, 점심, 저녁을 모두 챙겨 먹이곤 했다고 한다. 그 양이 혼자 옮길 수 없어 서너 명이 싣고 움직여야 할 정도였단다. 한 번에 많은 양을 하면 밥맛이 떨어지는 것이 당연한 일인데, 최길순 어르신에게는 당치도 않은 말이었다. 밥을 먹어본 일꾼들은 입을 모아 '밥맛 너무 좋다'고 말했단다.

밥맛이 소문이 나서였을까, 당시 조경환 어르신은 이장을 맡고 있었는데, 언젠가부터 면사무소 직원들이 그를 따라다니곤 했다. 왜 그런가 하니 일 도와주러가는 것이 아니라, 그 맛있는 밥 한 번 먹어보겠다고 삼삼오오 몰려다니는 것이라고 한다.

"조경환 이장네 오늘 모낸단다. 그러면 소문이 다 나서 면사무소 직원들이 대여섯 씩 와요, 자전거 타고. 아직도 눈에 선하네. 저기 멀리서 자전거 타고 오고 있는 게."

식당도 아니고, 일터에서 새참 먹자고 찾아오는 모습들을 보면, 최길순 어르신의 밥이 보통 맛있는 정도는 아니란 걸 증명한다. 새삼 그 맛이 궁금해지는데, 맛보지 못한 것이 참으로 아쉬울 따름이다. 어르신이 내놓았을 푸짐한 밥을 상상하며 그 아쉬움을 달랜다.

"가마솥에다가 밥을 가득 채워서 나가죠. 콩, 수수, 보리, 쌀 섞고. 찹쌀 좀 넣고 해서 가져가면 얼마나 푸짐해. 큰 다락에 밥을 하나씩 이고, 국 한 다락 이고, 그릇 한 다락 이고, 주전자에 물 담아서 들고, 서넛이서 그렇게 가는 거야."

한 때 도롱마을 맛집으로 불리던 곳이었지만, 세상이 변하니 밥도 변했다. 좀 더 편한 기계가 나타나고, 일하는 사람은 줄고. 밥 많이 할 필요도 없고. 나중에는 시켜먹고 했단다. 편해졌다고는 하지만, 최길순 어르신은 솥뚜껑을 연신 매만졌다.

내 집 문은 내가 닫아야지

조경환 어르신의 할아버지부터 시작해, 조경환 어르신의 손자까지 머무르던 곳. 단순한 거주 공간이 아니라 한 집안의 역사가 오롯이 새겨진 곳. 그 집안을 지켜온 기둥이 아직 여기에 있다. 여기저기 금이 가고, 누군가에겐 누추해보일지라도 이곳에서 살아온 이들에게는 아버지의 품이며, 형님의 품이다. 집을 비워주어야 해서 이미 부곡으로 떠난 두 어르신은 연신 아쉬움을 표했다.

"내 집 문은 내가 닫아야지."

조경환 어르신은 인터뷰를 시작하며 열었던 문을, 인터뷰를 마치며 손수 닫았다. 이제 그가 이 문을 다시 열어볼 수 있을지, 이 문이 언제까지 이 곳에 남아있을지 알 수 없다. 한 집안의 마지막 문을 닫는 경건함이, 슬픔이 오롯이 전해져왔다.

집도 비워주어야 하지만, 조씨 제실도 그 자리를 내주어야 한다. 주택단지로 잡혀서 이전해야 하는데, 자리를 잡지 못하고 있다고 한다. 제실이 혐오시설이기 때문이란다.

"자리를 못 잡고 있어요. 그게 혐오시설이라고. 요즘은 옛날 같지 않게 혐오시설이라 해요. 그런 거 짓는다고 하면 누가 땅을 팔지를 않아."

한때는 집안의 기둥이었고, 마을의 기둥이었던 것들이 자리를 잃었다. 마음 편히 지내야할 노후에, 얼마 남지 않은 고민거리라고. 농사짓던 밭들도 집을 비워주게 되면서 자식들한테 나누어 줘버렸다. 아이들 낳고 수십 년을 일궈온 땅인데, 이제는 아무것도 남지 않았다.

"애들하고 시동생 키우느라고 힘들어 죽겠다 싶었는데, 결국 이렇게 된 거야. 그래, 차라리 잘 됐다고 그냥 부곡으로 나간거지. 그런데도 막상 떠나려니까 울었어. 눈물이 나더라."

조경환, 최길순 어르신, 어느 누구도 그 마음을 다 헤아리지 못하겠지만, 그저 이런 기록으로나마 도롱마을과 두 분을, 그 마음을 기억해주었으면 하고 빌며, 조경환, 최길순 어르신께 작별인사를 건넸다.

내 집 문은 내가 닫아야지

우리가 도롱마을에서 살았어요

마을집, 일곱

최병복
이숙자

여기 사람들이
때가 안 묻었어

도롱마을을 알게 된 건 정말 우연한 기회였다.
마을버스가 데려간 곳은 안쪽에 자리 잡은, 너른 들을 품은 아담한 마을이었다.
2018년 마을이 사라진다는 얘기에 도롱마을을 천천히 담아보고자 모인 몇몇이 2019년 마을의 풍경을 사진에 담고, 어르신들을 만나 살아오신 얘기들을 담기 시작했다.
그곳에서 뵌 최병복 어르신의 이야기를 담아보고자 한다.

우리가 도롱마을에서 살았어요   최병복 · 이숙자

손재주 많은 우리 아버지는 이발소를 하셨지

1949년 1월 7일, 수성최씨 한림공파 27대손인 최병복 어르신은 마을에서는 젊은 나이지만 마을 이야기를 많이 안다고 어르신들이 추천하셨다.

"어릴 때의 동네 모습은 천수답이었어. 저수지가 없고 작은 물길로 농사를 짓다 보니 9년 동안 흉년이 지속되었지. 워낙 마른 땅이라 논에 모 대신 콩과 메밀을 심었거든. 그래서 벼농사를 짓기 위해서 지하 우물을 파고, 모든 식구가 아침에 밥 먹기 전에 물을 퍼다 날랐어."

마을에 논농사를 많이들 지었지만 천수답이라 농사에 필요한 물대는 일이 늘 고민이었다. 아이부터 어른까지 논에 물을 대기 위해 고생을 하곤 했다. 학교가기 전에도 논에 물을 대고 가야 할 만큼 물대기는 하루 일과 중 중요한 일이었다고 한다.

"소가 있는 집은 소로 농사를 지어서 부자인 집이었고, 농사를 지으려면 소를 빌리는 집에 일을 해 주고 빌렸어. 쌀 한 말을 빌리면 3일이나 5일씩 일을 해 줘야 해. 이것을 자리품이라고 해. 장리쌀인 경우에는 미리 쌀을 빌려오고 이듬해에 1.5배로 갚는 건데 고리대금이라서 박정희 대통령 시절에 탕감해주면서 장리쌀이 없어졌지."

최병복 어르신 집안은 대대로 농사를 지었지만, 아버지는 이발소를 하셨다. 동네에 유일한 이발소였는데, 이 때문에 자식들이 농사일에 더 열심일 수밖에 없었다.

"이발소는 지금 큰집 뒤에 있었어. 나도 초등학교 다닐 때부터 이발을 했어. 어깨너머로 아버지 하는 거 보고 가위질도 하고 머리도 깎아줬지. 우리 아버지는 그런 방면으로 지금 대학교 나온 사람도 상상을 못 할 정도로 재주와 기술이 뛰어났어."

최병복 어르신 아버지는 수작업으로 이를 만들기도 했다고 한다. 옛날에는 오버덴쳐라고 부르는(요즘 기공사들이 틀니 같은 거 만드는 것) 작업을 아버지가 직접 하셨다고 하는데, 정교하게 틀니 같은 것을 만들어서 이가 없는 분들에게 제공하는 일을 하실 만큼 손재주가 훌륭하셨던 분이다. 아버님이 이발소를 그만두시고 나서 그 일을 처음에는 최병복 어르신이 물려받았었다. 가업이라면 가업이었는데 어째서 계속하지 못했는지가 궁금했다.

"이발 일을 얼마 못 하고 그만두게 된 거는, 내가 이발을 하고 나서 사람이 죽었거든. 아픈 사람들 이발을 해주었는데, 두 사람이나 그랬어. 병들어 누워있는 사람 머리 깎아주는 게 쉬운 일이 아녀. 그래서 가위 불태워버렸지. 내가 그만두고 형이 했었는데 벌이가 안 돼서 형도 그

1 뒤에 보이는 초가집이 이발소(최병복님의 아버님 이발소)
2 지금의 집을 짓기전에 있던 집

만뒀어. 옛날에는 돈 받는 게 아니라 보리 때 겉보리 한 말, 가을에 벼 한 말, 이렇게 받았었어. 그걸로 먹고 살기 힘들지."

비빌 언덕이 없더라고 악착같이 살았어

1949년 1월 7일, 수성최씨 한림공파 27대손인 최병복 어르신은 마을에서는 젊은 나이지만 마을 이야기를 많이 안다고 어르신들이 추천하셨다.

최병복 어르신은 이발 일을 하다가 그만두고 군대를 하사관 학교로 갔고, 군대 제대 이후에는 목장을 하려고 계획했다.

"군대를 하사관 학교로 갔어. 원주에서 1군 하사학교 나와서 하사 달고 전방에 갔다가 다시 사단 신병교육대로 차출돼서 신병들을 다루고. 내가 신병 교육을 잘했어. 제대하고 농사를 지어서는 힘들 것 같아서 목장을 하려고 했지. 하사로 있으면서 모은 30만 원으로 소를 사려고 했어. 그 당시 5만 원이면 송아지 한 마리를 샀거든. 소 다섯 마리 사고 우사를 지을 생각이었어."

최병복 어르신은 소를 사서 키우는 목장을 하려고 했지만, 형과 형수가 반대하는 바람에 하지 못했다고 했다. 그래서 그 돈으로 결혼을 하면서 자연스럽게 집에서 독립을 하게 됐다. 형수 고향이 충북 괴산이었는데, 형수가 고향 사람을 소개해줘서 아내를 만났고, 결혼과 동시에 분가했다.

"우리같이 없는 사람은 아버지 돌아가시고 비빌 언덕이 없더라고. 그래서 악착같이 살았어. 돈 버는 일이라면 밤낮을 안 가려서 옆의 사람들이 부러워할 정도였지. 한때 잘나갔어. 건축업에 손을 댄 거지. 돈 10만 원 가지고 시작했는데 100만 원짜리 집을 지었는데 90만 원이 빚이니 갚아야지. 그 당시 1975, 6년도에 100만 원이면 큰돈이야."

가족이 생기니 먹고 사는 일이 쉽지 않았다. 할 수 있는 일은 열심히 했다. 농사도 짓고 나가서 건축일도 하고, 돼지도 먹이고 돈이 되는 일은 나쁜 일 빼고는 안 해 본 게 없는 것 같다고 했다.

"사료 대신에 대우 중공업 식당과 주변 식당에서 짬밥을 갖다가 먹여 키웠어. 사는 것은 자기가 노력하기에 달렸어. 지금도 나는 그런 얘기를 많이 해. 어떻게 돈을 잘 버느냐? 남 앉아

있을 때 자기는 일어나서 일해야 돈을 벌지. 똑같이 앉아 있고 똑같이 잘 먹으면 어떻게 진급이 되고 출세를 해?"

평생 열심히 일했다. 자식들 고생 안 시키고 가족들 굶기지 않으려는 책임감이 최병복 어르신을 그렇게 이끌었던 것 같다. 우리네 아버지들이 너나없이 그랬듯이.

"직장생활 하면서 월급봉투 한번 찢은 적이 없어. 봉투째 갖다 줬지. 건설일 할 때도 여자 한 번 안 쳐다보고 오로지 일만 하고 집에 월급 갖다 주면 집사람이 알아서 살림했지. 우린 서로 믿고 살았어. 그렇지 않으면 살겠어? 지금은 농사지어 자식들 셋 먹을 거는 대 줘. 빨리 기반 잡으라고."

명당에 집을 짓다

지금 사는 집이 지은 지 어느덧 27년 정도 되었는데, 이 터에서 산 것은 그보다 더 오래되었다. 결혼해서 여기에 터를 잡고 집을 짓는데, 지나가던 스님이 집을 보더니 쌀 한 말을 내면 좋은 일이 있을 거라 했다.
1975년 가을쯤인데 쌀 한 가마로 1년을 살아야 하는데 그만큼 내기에는 쉽지가 않아서 쌀 한 되를 드렸다고 한다. 그 스님은 그걸 받고는 고맙다고 그러면서 나침반을 놓더니 집이 용의 머리에 올라가 있는 형상이라고, 집터가 만민이 우러러보고 마음먹은 대로 다 펼칠 상이니 여기를 떠나지 말고 살면 후대에 큰 인물이 날 거라고 했다고 한다.

그 말이 진짜인지 거짓인지 모르지만, 최병복씨는 그 말을 믿었던 모양이다. 부곡에 아파트 분양받은 게 있어도 이사를 안 가고 쭉 이곳에 살고 있었다고 했다.

"꿈같은 세월이지. 우리 집이 마을의 중앙이거든. 마을의 중앙을 없애면 안 된다고 LH에 애기했더니 와서 보고는 여기를 자연 녹지로 만들어 뿌리를 남기기로 했지."

왕송저수지에서 놀고, 기차 타고 학교 다니고

옛날에 동네에서 척사라고 어른들은 윷놀이했다. 매년 쟁기나, 삽 등 상품을 걸고 했는데 반장과 이장들이 막걸리 놓고 내기들을 했고, 그 내기에는 남자들만 참여했다. 그 시절만 해도 남녀가 평등한 시대가 아니어서 여자들은 나오지도 못했다. 아이들은 나무를 잘라서 자치기

형수 소개로 만나 함께 해온 최병복·이숙자 부부

도 하고 겨울엔 팽이도 치고 여름에는 수영을 하며 놀았는데 왕송저수지에서 건너편까지 왔다 갔다 했었다.

"예전에 왕송저수지는 낚시를 많이 했거든. 나도 제대하고 거기서 일을 많이 했지. 얼마나 많은 사람이 낚시를 오냐면, 그곳을 관리하던 사람이 돈을 갈퀴로 긁었다고 할 정도야. 그 당시 관리하던 사람이 육영수 여사의 조카였어. 박정희 때라 사람들이 많이 왔지. 다른 사람들은 그곳을 아예 건드리지도 못했지. 잉어, 가물치가 많이 나왔어. 나는 돈 벌어야 해서 낚시는 안 했어. 낚시도 도박처럼 중독이 되면 일을 안 해."

최병복 어르신은 부곡초등학교를 다녔다. 당시에는 중학교를 수원이나 안양으로 다녔다. 수원은 북중으로 걸어 다녔고, 안양 갈 때는 부곡역에서 통근차 놓치면 그다음이 9시 30분 열차라 학교에 못 가기도 했다.

"그 당시에는 기차가 군포에 한 번 서고 안양에 섰어. 짧은 거리라 금방 내리니까 차비 아끼려고 차표 안 끊고 몰래 타는 경우도 많았지. 역부에게 들키면 열차에서 뛰어내려 사고가 나서 다리를 잃는 경우도 더러 있었어."

마을의 민속과 모임 이야기

마을에 있던 당골에 대한 이야기를 들려달라고 했더니 최병복 어르신은 마을에 무당이 세 명이나 있었다고 했다.

"정태 어머니가 무당 만신이었고, 무쇠네, 초평동 방앗간 근처에 만세 처하고 세 사람이 어우러져 집마다 굿하고 그랬어. 우리 아버지도 아파서 굿했었지. 돼지머리 놓고 고사 지내고 화살 같은 거 꽂아놓고 춤추고 작두 타고 그랬지. 80년대까지는 한 것 같은데 교회 다니고 문화가 바뀌니까 없어졌지."

그 외에 마을에서 함께 했던 행사로 마을 당제 이야기를 들려주셨다. 도룡마을에는 오래 전부터 당제가 이어져오고 있다. 올해 마을이 개발되면서 마지막 당제를 드렸다고 한다.

"마을 당제가 2년에 한 번씩 열리는데 한 500년 정도 된 것 같아. 최씨 족보에 나올 걸. 지금의 사당 지을 때도 내가 지었어. 당제가 있어서 일 년에 한 번 마을 어르신들이 모임을 했었는데, 이제 그것도 힘드니 마을에 상조회가 유지됐으면 좋겠어. 애경사가 아니면 모이질 않으니까."

월암에는 상조회도 있다. 처음 상조회를 하게 된 사연은 이랬다.

"상조회는 친구가 38세에 죽었는데 친구들이 마지막으로 해 줄 게 없나 하다가 직접 상여를 초평리에서 8~9만 원에 빌려와서 장사 치르고 묘까지 만들어 주었지. 김정길이라고 소리를 잘하는데 상여소리 해달라고 부탁을 했지. 그 당시에 수원에서 상여 임대해서 장사 한 번 지내면 2~300만 원이 들었거든. 그런데 해 보니까 별거 아니더라고. 그래서 월암 2리, 3리 합쳐서 상조회를 만들었어. 지금도 한 40명 돼."

도롱마을에는 도롱회라고하는 친목회도 있다. 25년쯤 됐는데 여기 원주민만 가입할 수 있었다고 한다. 이범식, 조태환, 조기환, 최병복씨 이렇게 5명이 부곡통닭에서 닭을 먹다가 만들게 되었다고 했다. 3~40명 됐는데 지금은 20명밖에 안 남았다고 한다.

여기 사람들이 때가 안 묻었어요

마을에서는 젊은 노인 축에 해당해서 청년이라고 농담을 듣기도 하는 어르신은 도롱마을에 대한 애정이 누구보다도 깊어보였다. 마을을 떠나는 입장에서 마지막으로 하고 싶은 이야기가 있는지 여쭈어보았다.

"우리 동네는 삼태기 같아서 포근한 동네야. 1구나 3구와는 다르게 살맛나는 동네라면서 정착하는 사람이 많았어. 여기 동네 사람들이 때가 안 묻었어요. 때가 안 묻은 게 고지식하고, 남한테 등질 줄 모르고, 거짓말할 줄 모르는 사람들이지."

애정이 깊은 만큼 마을의 명맥을 유지하고 싶은 바람이 느껴졌다. 마을이 사라지지만, 이렇게 기록으로나마 전할 수 있다는 것이 다행인지도 모르겠다. 부디 어르신들께 이 기록들이 위로가 되기를 빌어본다.

우리가 도롱마을에서 살았어요

마을집, 여덟

강영자
윤명수

농작물들은
농부 발소리 듣고 자라는 거야

윤명수 어르신 집은 도룡마을 한가운데에 있다. 그가 농사짓는 곳도 이 마을 안에 있다. 도룡마을에서 집을 두 번 짓고 칠십 평생을 살았다. 한국전쟁이 나던 해 집안의 장손으로 태어나 어린 고모 등에 업혀 피란 다녀온 이야기며, 윤씨네가 도룡마을에 들어오게 된 사연부터 아버지와 할머니께 들은 이야기, 자신이 겪은 마을 이야기까지 생생하게 들을 수 있었다.

윤명수 어르신은 1950년 10월 10일, 이곳 도룡마을에서 아버지 윤선양과 어머니 김옥희의 4남 1녀 중 장남으로 태어났다. 수성중학교와 수성고등학교를 졸업하고 1971년 입대하여 강원도 백암산에서 군 생활을 마치고 제대했다. 아버지 지인의 권유로 1976년 철도청 시험을 힘들게 통과하고 2005년 영등포사무소를 마지막으로 30년 직장생활을 마무리했다. 이후 도룡마을에서 농사를 지으며 살았다. 누님 소개로 경남 함양 출신의 아내를 만나 1977년 결혼하여 딸 둘, 아들 하나 삼남매를 낳아 모두 결혼시키고, 91세(1930년생) 노모를 모시고 산다.

윤씨네가 씨족마을에 터를 잡게 된 사연

"이 동네는 원래 씨족마을이라 각 문중별로 이렇게 되기 때문에. 또 우리는 윤가가 나 혼자고 늦게 들어왔거든. 그러니까 남의 문중 사이에 낄 수가 없는 거 아니야."

윤씨네가 최씨, 도씨, 조씨가 대부분인 마을에 터를 잡데 된 사연이 궁금했다.

"고조할아버지가 원래 여주 분인데 거기서 진사시인가 초시인가 뭘 봐서 합격을 한 거야. 그래서 서울 와서 국에 근무를 하게 된 거야. 국에서 근무하다가 그 양반이 거기서 갑신정변인지 무슨 뭐 김옥균 씨하고 같이 무슨 활동을 했었나 봐. 그전에 저기 그 역사 다큐멘터리인가 라디오에서 하는 거에 할아버지 이름이 나왔어. 윤태화라고. 그런데 거기 김옥균이가 망했잖아. 그런데 거기 갔다가 그때 가신 거야. 그 당시만 해도 역적 집안 아니야. 고조할아버지가 가면서 증조할아버지를 파주로다가 피신을 시킨 거야 감악산 밑으로다가. 집안 망할까 봐 집안에서도 족보를 빼버린 거야. 이런 사람 없소. 안 다치려고 옛날에 다 그랬어. 그래서 족보도 한두 번 끊어졌었다고."

할아버지는 4살 때 돌아가셨기에 특별한 기억은 없는 듯하며, 할머니께서 가끔가다 얘기한 걸 되짚어 이야기해 주신다.

"거기(감악산)서 있다가 우리 고조할아버지 형제분이 그 양반은 안 다친 거야. 그래서 그 양반이 아직도 구미에 남아 있던 거야. 할아버지가 거기 산속이니까 못 살 거 아니야. 그러니까 여기 지금 안자묘 있는 데 옛날에 거기가 부곡 철도에 관련 지소들이 많았잖아. 거기 관리인으로 온 거야, 그 땅에. 그 양반이 관리인으로 여기 와가지고 할아버지 동생 이리 오게, 사촌 동생이니까 이리 오게 그래서 우리 아버지를 가르친 거야. 우리 아버지가 그 당시 그 나이에 효창초등학교 출신이야. 초등학교 나와도 이게 찍힌 집안 아니야. 그러니까 어디 못 들어가는 거야. 그래서 여기 철도 땅 불하를 받아가지고 농사지은 거야. 지금 철도교육원의 기숙사 자리 그게 우리가 불하를 받은 거야."

일제강점기 증조할아버지부터 시작된 이야기가 이후 지금의 안자묘(安子廟)가 있는 자리에 철도국 관리인으로 할아버지가 오시게 된 사연까지, 그리고 왕송저수지가 생길 즈음 지금의 도룡마을에 정착하게 되었다는 이야기를 전해 들었다.

1 가족사진
2 집앞에서, 아내와 삼남매
3 대전 소정리역에서 몰았던 차

가족이 겪은 6.25

"내가 50년 10월생이니까 태어난 지 두 달 만에 1.4후퇴 때 피난을 간 거야. 피난 갔는데 어디를 갔냐면 우리 작은어머니가 친정이 남양이거든. 남양까지 갔다 온 거야. 할머니하고 어머니하고 누나는 집에 있고, 우리 고모 둘하고 할아버지하고 피란 간 거야. 그런데 일곱 살 먹은 게 어린애를 업었으니 무슨 힘이 있어. 그러니까 가다 넘어지고. 우리 집에 아버지도 군대 갔고 작은아버지도 군대 갔고. 할아버지하고 남자는 나 하나뿐이야. 그래서 옛날 같으면 남아선호사상 때문에 아들 그거 하나 살리려고 데리고 갔지 뭐"

국가유공자의 집 문패가 인상적이었는데 둘째 동생이 6.25전쟁에서 전사하셨단다. 전쟁 통에 아버지와 작은아버지까지 군대 가고, 집안의 대를 이을 장남은 어린 고모 등에 업혀 할아버지와 남양으로 피란을 가게 된다. 도룡마을은 지금이야 양옆으로 덕영대로와 과천봉담도시고속화도로가 생겼지만, 전쟁 당시에는 마을이 있는지 없는지 모를 정도로 안쪽에 있는 동네라 다행스럽게도 큰 피해는 없었다고 한다.

마을일도 참여하고 철도청도 다니고

"행사가 있으면 우리 집이 가운데 있으니까. 저번에 당고사 지낼 때 소 잡고 그러면 우리집 짓기 전에 이 앞 밭에서 소 잡는 멍석 깔아놓고 여기서 많이 했어. 여기가 한가운데니까. 그 당시만 해도 소를 함부로 못 잡았다고. 그러니까 반월 면사무소 거기 소 잡는 데가 있어서 마차 끌고 소 잡아달라고 그러고, 어떤 소 찍어서 사다가 거기 주면 걔들이 소를 잡아주는 거야. 소를 잡아서 껍데기는 지들이 삯으로. 돈으로 받는 게 아니라 껍데기를 그 사람들이 가졌다고."

그의 집이 마을 한가운데 있어서 마을행사에 마당을 내주곤 했다. 부녀회에서 재활용 쓰레기 모아 파는 활동 또한 그의 앞마당을 사용하곤 했다.

"정월 대보름이면 달맞이 행사를 했는데 수염이 허연 양반이 이렇게 털복숭이었는데, 진수할아버지가 되게 멋있었어. 그 양반이 와서 '올해는 가물겠구먼.' 뭐 어쩌고 하고 내려갔다고. 그러면 우리는 불장난하고 노느냐고. 옛날에는 동네 싸움 많이 했거든. 정월 대보름날 이거 (쥐불놀이) 마무리하면서 시비가 붙는 거야."

옛날부터 내려오는 마을일로 한해 농사를 점찍는 달맞이 행사를 매년 정월 대보름날 했었다.

어린아이들도 덩달아 쥐불놀이를 하면서 논 듯하다.

"여기를 수원에서 오라고 했는데 수원에 가면 세금이 비싸다 이거야. 세금 비싸다고 안 간 거야. 이 동네 사람들이 안 간 거야. 수원으로 갔어야 되는데. 주민 의견을 구해서 공청회 같은 걸 했나 봐. 우리 아버지가 하루는 와서 그러더라고. '수원가면 돈, 세금을 얼마나 많이 내야 되는데. 그 뭣도 모르는 놈들이 그리로 간다고.' 우리 아버지하고 갑수 아버지하고 찬덕이 아버지가 동네 사람들을 설득했어. 의왕은 세금도 싸다고 의왕읍으로 간 거지. 그 당시만 해도 우리 그때 30, 40대 아니야. 그러니까 동네에서 발언권이 없지. 우리 의사하고는 관계없어. 집에 어른들이 '그냥 그렇게 합시다.' 그래가지고 우리도 한 거야."

의왕과 수원 경계에 있는 도룡마을이 1983년 반월면에서 의왕읍으로 행정구역 개편될 당시 주민의견 수렴과정이 있었다. 마을 분들이 수원북문쪽으로 중·고등학교를 다니셨고 영동시장으로 채소나 과일을 팔러 가셨다는 걸 보면 옛날에는 수원이 지금의 의왕보다 더 가깝게 느껴졌던 동네였다는 생각이 든다.

"제대하고 나서 어디 갈 때가 있어야지. 요 너머 당재 너머 그 동네 아부지 엄청 따르는 사람이 있었어. 그 사람이 너 철도나 한번 들어가 봐라. 철도라는 데가 기차 지나가는 거밖엔 몰랐어. 철도 시험을 그때도 뭔지도 모르고 시험을 본 거야. 토목직을 뽑는다고 그래. 아 엄청 힘들게 들어갔어. 지금 철도고등학교 용산고 거기 갔더니 뭘 시키는지 알아? 침목 80kg짜릴 미고 600m를 가야 되는 거야. 50m 거리를 여섯 번을 삼왕복을 해야 하는 거야. 그걸 간신히 합격을 했어. 우리 들어갈 때가 제일 그랬던 거야. 20대 1이었어."

24시간 교대 근무로 집에서 출퇴근을 했기에 마을일에 관여는 많이 못 했어도 몸으로 하는 건 참여를 할 수 있었다.

학교 다니며 농사도 거들고

"학교 가기 전에 우물을 3개 푸고 가야 돼. 그러니까 이쪽에 강나무골, 삼박골, 당재 너머 우물을 3개 푸고 학교 가는 거야. 그러니까 지금도 새벽잠이 없어. 아침에 눈 뜨면 아버지가 저 문밖에서 가자 그러고 그냥 혼자 가시는 거야. 그러면 그냥 이대로 가는 거지 뭐. 그래서 우물 3개 푸고 밥 먹고 학교 가는 거야."

물을 퍼내고 힘겨운 노동을 끝낸 후에 겨우 학교를 갈 적이면, 또 그 사이에 이슬비가 내려

신발이 금방 질퍽질퍽해졌다. 동네 어른부터 젊은 학생들까지 가릴 것 없이 그렇게 바삐 살던 동네였다. 그때가 봄 무렵이었다고 한다.

마을에선 여름날 장마철이나 되어서야 모를 내고는 하였다. 오늘날은 워낙 편리한 것이 많아져서 관로를 하나 뚫어 놓으면 물이 쏴하고 나오지만, 그 당시에는 우물 옆에 꼭 둠벙 하나씩을 두었다고 했다. 못자리가 죽지 않도록 물을 퍼다 올리는 것이 당연했던 시절이었다. 봄내 한 두어 달 동안은 벼가 클 때를 기다리는데, 그때 즈음이면 벼도 어느 정도 큰 상태라서 어지간히 말라도 쉽게 죽지 않았다.

"농작물들은 농부 발소리 듣고 자라는 거야."

자꾸 마음을 주고 들여다봐야만 농작물들이 잘 자란다는 말씀이었다. 어쩌면 어린 시절 농사일을 몸으로 배웠기에 마음에 새기고 깨달은 말씀이 아닐까 생각해본다.

동네분들과 우렁쌀 작목반 활동으로 마련한 이양기며 경운기가 앞마당 비닐하우스에서 올해 농사를 기다리고 있었다.

의왕농협 로컬푸드 매장에 실린 윤명수 어르신 사진을 보고 난 이후 계속 그의 농사 이야기가 궁금했었다. 몇 번의 인터뷰를 위해 댁을 방문했을 때 손수 기르셨다는 쌉쌀하고 맛난 안데스 감자와 따님이 키운 딸기를 내놓으셨다. 농부가 내놓는 가장 자연스러운 간식이었다.

윤명수 어르신이 보여주신 빛바랜 사진 속에는 마당 한 가득 들어찬 항아리가 있었다. 지금도 그 항아리 속에는 그가 가족과 함께 농사지은 고추장, 된장, 간장이 맛나게 익고 있을 것이다. 앞뜰에 매년 모아두던 거름이며, 여름이면 집 옆 텃밭에 가득 보라색 꽃을 피우는 도라지까지 도룡마을을 지날 때마다 눈길이 가던 정겨운 풍경이었다. 손수 만든 도리깨는 이사 가더라도 농사지을 거라 가져가신다니 반가운 일이다.

옛날에 사진을 찍느라 카메라를 4대나 해 먹었다고 웃으셨지만, 그 덕에 앨범 4권에 평생의 이야기가 가득했다. 마을을 떠나지 않고 지금껏 살아온 윤명수 어르신의 이야기를 듣다 보니 정든 이웃이 옹기종기 모여 사는 모습이 눈에 그린 듯 떠오른다. 마을을 떠나는 마음이야 섭섭하기 이를 데 없겠지만, '집안의 장남으로, 또 마을일에 발 벗고 나선 사람으로 성실하고 훌륭하게 살아오셨어요.' 하고 인사를 전하고 싶다.

1 새참을 차리는 윤명수님의 부인 강영자님
2 경운기를 운전하는 윤명수님

우리가 도롱마을에서 살았어요

마을집, 아홉

母 한길순

子 최진구 방경례

못난 동네,
떠나려니 그래도 아쉬워

한길순 어르신께서 마을회관으로 들어온다. 먼저 이야기를 나누고 있던 아들과 마주치니 이내 웃음이 터진다. 긴 시간 동안 두 사람을 바라본 것은 아니나, 지나가는 눈길로 보기에도 그 모자간의 정이 보통 두터운 것이 아님을 느낀다. 옆에 꼭 붙어 앉아, 어머니가 혹여 기억의 수풀을 헤매다 길 잃을까 지켜보는 아들, 최진구 선생의 모습이 인상 깊다. 걱정과는 달리, 연신 바보가 되어서 헷갈린다고 하시는 한길순 어르신은 나이, 고향을 말함에 주저 없이 척척 답을 내놓으셨다. 도롱마을에는 이들의 어떤 사연이 깃들어 있을까.

얼굴 모르는 신랑, 어딘지 모를 시집

1940년 가을, 화성군 마도면 송정리에서 태어난 한길순 어르신. 6.25 전쟁을 지나 몇 해가 더 지나자 소녀는 금세 숙녀가 되어 있었다. 혼기가 찬 그녀에게 혼담이 들어오는 것은 당연지사였고, 연애를 꿈 꿀 새도 없이 찾아온 중매와 집안의 뜻에 따라야했다. 신랑은 해병대 복무 중으로, 혼담만 오가다 제대한 후에서야 결혼과 함께 그 얼굴을 보게 되었다. 다음은 한길순 어른의 솔직한 첫인상 평. "인물은 마음에 들었는데, 마음에 없었어요." 이어지는 할머니의 웃음이 복잡 미묘한 그때를 상상하게 한다.

그렇게 결혼을 하니, 꽃다운 나이 22살이었다. 저 멀리 경기도 서쪽에서, 오늘날의 의왕까지 오는 길은 꽤나 복잡했다. 가마를 타다가, 내려서 트럭을 타고, 수원에서 다시 택시를 타고. 시집을 와보니 자신을 포함, 아홉 식구와 함께 살아야했다. 거기에 집안일을 조금이나마 나눌 시누이라고는 딱 하나. 고생길이 훤해보였다. 그 뿐인가. 집을 보니 여기저기 찌그러지고, 무너질 것 같았다. 아무래도 식구가 많다보니, 시집살이에서 고된 건 먹는 것을 챙기는 것이었다. 시할아버지, 시아버지 술심부름은 기본에, 장정들 먹을 식사 준비까지. 옛날엔 장갑도 없다보니 그 고왔던 손이 불어버리고, 얼고, 터지기가 부지기수니, 금방 안타까운 형색이 되어버렸다.

도망쳐야 하나, 문간에 발을 내놓고 들어오기를 반복하기도 하고. 바깥으로 나가는 길은 저기 보이는 수인선 열차뿐인데, 그것이 연기를 뿜고 갈 때마다 혹시 저 차에 우리 식구도 타 있지 않을까 하며 울곤 했단다. 어떤 날엔 웬 아이스께끼 파는 사람이 들어와 있기에 살펴보니, 친정 동네에 다니던 사람이 아닌가. 그걸 보고 어찌나 반가웠는지, 마치 친정아버지를 본 것 마냥 눈물이 흘러내렸더란다. '여기서 내가 설마 늙어 죽을 때까지 살 건 아니겠지.' 하며 버티기를 수십 년, 결국 오늘까지 와버렸다.

100일간의 절

옛날엔 꼭두새벽에 일어나 어른들에게 인사를 드리는 것이 예의였다. 가뜩이나 농사일을 하시는 이들이니, 미리 일어나 준비를 하려면 무척이나 고된 일이었으리라. 헌데 한길순 어르신은 인사만 꾸벅, 하고 끝난 것이 아니었다. 매일 새벽 3시에 일어나, 세수하고 한복 입고, 술국이랑 끓여다가 술상 내놓는 것이 일과였다. 맛있게 드시라고 넙죽 절도 올리고. 그렇게 지극정성 바치기를 세보니 백일이었다.

"너 이제 그만해라."

별안간 시아버지가 그만하라고 넌지시 말했다. 한길순 어르신은 자신을 시험하시는 건가, 진짜 그만하시라는 건가 고민하다가 영 그만둘 수가 없어 다음날 다시 나왔더란다. 이에 대뜸,

"안 그래도 내 건강이 좋지 않은데, 시아버지 죽으라고 절하는 게냐. 더하면 시아비 죽으라고 고사 지내는 것 밖에 안 되니까 오늘로 그만해."

다그치듯 시아버지의 호령이 떨어졌다. 결국 그렇게 새벽 술상 차리는 일은 그만두게 되었다. 물론 자기 전에 인사치레로 절이야 계속했지만, 새벽마다 고생하는 일 덜어놓은 것이 얼마나 천만다행인가.

불쌍한 내 아들, 병원만 제대로 갔어도

온갖 설움, 고난 속에서도 새 생명은 피어난다. 아이가 태어났고, 그 기쁨은 이루 말할 수 없었다. 하지만 슬픔도 이내 함께 찾아왔다. 건강하게 자라기만 바랬는데, 네 살 즈음 갑자기 아이의 열이 솟구치기 시작했다. 당장이라도 병원에 데려가야 했지만, 집안에서는 무당 불러다가 굿 한 번 하면 해결될 일이라고 막았다. 결국, 여기저기 토를 하더니 거의 죽기 직전까지 다다랐다. 더 이상 집안의 말만 듣고 참을 수 없었던 한길순 어르신은 아이를 업고 수원의 한 내과로 찾아갔다.

"애가 죽을 때까지 뭐하고 지금 왔습니까. 죽으려 하는 걸 왜 데리고 왔어요."

병원에서 환자를 받지 않겠다는 것이 아닌가. 이미 너무 늦었던 걸까. 하지만 애걸복걸 매달렸다. 제발 부탁이니 아이 목숨만은 살려놓아 달라. 의사도 그 측은함에 죽어가는 아이를 무시할 수는 없었고, 치료에 돌입했다. 병명이 뇌막염이란다. 조금만 늦었어도 곧장 아이를 하늘로 떠나보내야 했을 것이다. 다행히도 아이는 입원 24일 만에 정신을 차렸다. 걷지도 못하던 녀석이 엄마 앞에서 힘겹게 걷는 모습을 보니 한길순 어르신은 슬픔과 감동을 주체하지 못했다. 의사가 말했다.

"한 달 반은 입원 더 해야 합니다. 그동안 내가 하라는 대로 할 수 있겠어요?"

아이를 살리는 일인데 물불 가릴 수 있으랴. 돈 억만금을 주는 일이 있더라도 알겠다고 했다.

하지만 애 병원 가는데 돼지 한 마리 판 돈 넘게 쓴다고, 퇴원하라는 명령이 떨어졌다. 다름 아닌 시어머니였다. 의사가 저대로 두면 정말 큰일 난다고 당부했지만, 그 고집을 꺾을 수는 없었다. 어쩔 수 없이 약이라도 잘 챙겨두라고 처방전을 받아왔지만, 그 역시 비싸다는 시어머니의 입김에 사서 먹이지도 못했다. 한길순 어른은 그때 처방받은 약 이름이 아직도 선명하다.

"큐비타, 뼈 튼튼해지는 약. 그게 또 비싸요. 다 나을 때까지 이건 먹여야 한다. 그러는데 비싸니까 집에서 안 사주는 거야. 결국은, 결국은. 애가 반신을 쓰질 못해요. 서울대병원에도 데려가고, 빈센트병원도 데려가고, 아주대병원도 데려갔는데 나중 되어서야 가니까 다리를 고치질 못하는 거야. 그렇게 절뚝절뚝 걷고 그랬어요."

아주 작은 희망, 아주 작은 구멍가게

안타까운 맏아들. 절뚝거리는 다리로 어떻게든 초등학교는 보내고 자취를 시키면서까지 중학교까지 졸업시켰다. 이제 고등학교에 진학할 무렵, 아들이 한길순 어르신에게 이렇게 말했단다.

"아들이 그러더라고. '엄마, 나는 비 오는 날이면 자전거 타고 가면서 어떤 고생을 했는지 아느냐, 중학교 3년을 어떻게 보냈는지 아느냐.' 그러면서 고등학교는 죽어도 못 가겠으니, 차라리 자기보고 죽으라 그러래. 그거 들으니까 차마 말이 안 나와."

고등학교를 안가는 대신, 당시 삼육재활원에 보내 교육을 받도록 했는데 그마저도 못하겠다고 뛰쳐나왔단다. 의사가 아들에게, '너 나가서 뭐할 셈이냐.' 하니 목축업을 하겠다고 하고 돌아왔다. 당장 엄마된 사람으로서, 해줄 수 있는 것이라고는 하겠다는 일을 도울 수밖에 없으니 개 사달라고 하면 개를 사주고, 소를 사달라고 하면 소를 사주곤 했다. 그마저도 얼마가지 않아 손해만 잔뜩 보고 포기했다.

불편한 몸을 이끌고서도 할 수 있는 일이 뭘까 고민한 한길순 어르신은, 마을에 구멍가게를 열어 아들이 직접 운영하도록 했다. 집에 행랑채 조그마한 곳 떼다가 과자 몇 개 늘어놓은 것으로 시작해, 음료와 술, 식재료 등을 파는 구멍가게가 되었다.

그러나 비극은 왜 아들을 떠나지 않는지. 마을 부녀회에서 동네마다 구판장이 있어야겠다고, 새로 가게를 내겠다고 나선 것이다. 이미 우리 아들이 하는 가게가 있는데, 무엇하러 더 짓느냐 물어도 소용이 없었다. 결국 아들의 가게는 경쟁에서 밀려 부진하기만 했다. 먹고 사는 문제가 가게에 온전히 달린 것은 아니었다. 그까짓 생계쯤, 한길순 어르신 자기 자신이 좀 더 일하면 걱정 없을 것이라 했다. 그저 삶의 의욕을 잃어버린 아들이 그렇게 열중하던 일이었는데 그것이 무너지니 너무나 가슴이 아팠다. 상심한 아들은 술을 입에 대기 시작했고, 알코올 중독에 빠졌다. 결국 개점 20년만인 1997년에 가게 문을 닫아버렸다. 그리고 아들은 3년 후인 2000년, 세상을 등지고 떠났다.

"그때 그 어린 초등학교, 유치원생들도 장애인들 돕겠다고 동전 모금하고 했는데, 장애인의 날도 생겼는데, 어떻게 우리 애는 이렇게 박대를 받고. 그 불편한 몸 이끌고 안양 역전에서 직접 짐 짊어다가 여기까지 가져오고 했는데. 그게 얼마나 서러워요."

세상에 다신 없을 효자

한길순 어르신이 낳은 나머지 4남매는 어긋난 길을 한 번도 걷지 않았다. 자신의 손이 갈라지더라도 아이들이 고등학교는 갈 수 있게 뒷바라지하고, 대학도 보냈다. 그 중, 둘째 아들인 최진구 어르신은 세무사가 되었으니 얼마나 자랑스러울까. 아들은 2층 집을 지어 1층, 2층 나누어 함께 살게끔 했다. 어디 아들뿐인가. 며느리도 얼마나 심성이 고운지 부곡 바닥에서는 효자 효부라고 소문이 자자하단다. 한길순 어르신 본인이 시집살이를 호되게 겪어서 그런지, 며느리에겐 시집살이는 피하게끔 노력했는데 이렇게 대해주니 참 미안하고 고마울 뿐이다.

"'너희는 너희대로 살고, 나는 이제 조그만 아파트만 구해다오. 나는 거기서 좀만 살다가 세상 뜨련다.' 이랬더니 우리 아들이 어떻게 이렇게 살아온 사람을 내보낼 수 있느냐고, 죽어도 못한다는 거야."

못난 동네도 떠나려니 아쉽다

한길순 어르신은 인터뷰 내내 누군가를 기다렸다. 누구를 기다리냐는 질문에, 7촌 조카란다. 옛날 구멍가게 할 때 빈번히 짐 옮기는 걸 도와줬다던 그 사람. 동네에서 가장 절친한 친구란다. 이어서 동네 할머니들이 줄줄이 들어온다. 방금 전까지도 비극을 풀어내며 무거워진 분위기였지만, 이내 친구들을 보고 환하게 웃으신다.

분명 한길순 어르신에게 도룡마을은 한 많은 동네일 것이다. 고된 시집살이를 하고, 아들을 잃은 곳이니까. 하지만 최근 이사한 곳에서 지내려니, 영 아쉬워하시는 것 같다. 이사 간 곳은 어떠냐는 질문에 이렇게 대답하시는 한길순 어르신.

"공기는 좋아요. 좋은 것 같아. 근데 사람들은 모르겠어. 하나도 몰라요. 거긴 늙은이들도 없어."

멋쩍게 웃으시는 얼굴 속에서 마을에 대한 애증과 아쉬움이 엇갈리고 있다고 느꼈다.

1 1993, 둘째 딸의 결혼식
2 1980, 세자매
3 의왕성당교우 모임

우리가 도롱마을에서 살았어요

마을집, 열

권오분
조병관

사람이
농사를 짓고 살아야

목소리만 듣고도 권오분 어르신이구나, 알 수 있다. 큰 키에 꼿꼿한 허리며 십 년은 젊어 보이는 외모.

권오분 어르신은 용인 남사면에서 오빠 다섯, 언니 하나, 그리고 막둥이로 태어났다. 오석, 오덕, 오경, 오남, 오봉, 오순, 그리고 오분. 이름에서 가족의 정겨움이 묻어난다. 친정은 독실한 기독교 집안으로 어머니 뱃속에서부터 자연스레 교회를 다니게 된다.

한겨울에 친정에서 물 긷는 걸 보고 아버지가 살이 아팠어

남편 조병관 어르신과는 친정마을에 시집온 큰 고모의 중매로 만나게 된다. 네 번째 선에서 드디어 부부의 연을 맺는다.

"우리 아버지가 가서 봤어. '야, 신랑이 신랑 형보다 키는 작아도 손가락이 굵은 게 기운을 퍽 쓰겠더라.' 그러면서 잔업 하면 4만 원 월급 탄다고 그러더래. 그때만 해도 4만 원이면 큰돈이야. 월급 4만 원, 잊어버리지 않아. 그래서 '말 시키니까 똑똑하더라. 신랑으로 그만 됐다.' 그래."

아는 사람이라곤 하나도 없는 마을에 시집와서 살아야 했던 도룡마을 아낙들은 어땠을까? 지금이야 수도시설도 있고 살기 좋지만, 빨래는 월암천이라고 부르는 개울에서 하고 물은 두레박질해서 길러 먹었다. 비 많이 오면 개울물이 좋았고 물고기도 많고 깨끗했다. 한민석 어르신네 앞마당 아래 다리 위나 도종문 어르신네 집 근방 도랑이 빨래터였다. 고무장갑이라곤 있었을 리 없는 시절, 손이 빨개지도록 추운 겨울날 빨래는 얼마나 힘든 일이었을까?

"우리 아버지가 한번은 나 친정 갔다가 데려다 주러 왔는데 물 길어다 먹는 거 보고 우리 아버지가 살이 아팠어. 집에서 그런 일 안 하다가 시댁 오니까 안 할래야 안 할 수가 없어."

시집 와서 처음 시댁에 살다가, 큰딸 낳고 안양 가서 살고, 다시 도룡마을에 정착해 지금껏 살아왔다.

"여기 조씨들 몇 집 있는데 우리 아저씨 촌수가 제일 높아. 다들 할아버지, 아저씨뻘이야. 연세가 아흔이 넘어도 아저씨라 그래야 돼. 이 너머 청정식품 거기 알지? 거기 우리 큰집 집터 자리야. 우리 맏동서 이사 가서 거기 내가 시댁에서 1년 살다, 1년 더 살다가 우리 애기 큰딸 낳고 두 달 더 살고, 안양 가서 1년 살고, 여기 집 얻어서 산 거야."

자상한 남편을 만나서

조상대대로 물려받은, 지도 같이 생긴 논이 하나 있었다. 월암교회 위로 자전거도로가 나면서 일부 수용되었다. 보상금 받은 것에 빚을 내서 지금의 이층집을 짓게 되었다.

아직도 또렷이 생각나는 서운한 일이 하나 있다면 맏동서 시집살이다. 그 어려웠던 시절, 갓 시집온 새댁이라면 누구나 마음속에 품은 서운함 하나씩은 가지고 있었을 것이다. 참고 못 사는 성격이라 세월 지나 바른 소리 하는 거라 한다.

"사연이 많지. 옛날부터 시어머님 시집살이는 해도 맏동서 시집살이는 못 한다 그랬어. 우리 아버님은 안 계셔도 우리 맏동서가 살림을 맡아서 해. 우리 어머니는 특권이 없어. 일만 했었지. 너무 순하고 착했어."

첫딸 낳고 키우면서 서운했던 이야기를 한참 속풀이 하듯이 풀어낸다. 다행히 자상한 남편 만나 마음 다독이며 살아왔다. 백 점짜리 남편이라고 치켜세운다. 옆 동네 수원 밤밭마을에서 농사 지러 자주 오시는 아주머니가 완두콩 까면서 한마디 거드신다.

"아내한테 자상하셔요. 법 없어도 살아요. 저 아저씨가 사람이 너무 좋아."

자식 낳고 그날로 밥해 먹고 살았다

자식 넷을 집에서 낳았다. 그땐 누구나 그랬다. 배 아프면 힘 몇 번 주고 낳고 동네분이나 가족이 도와주고, 그날로 밥해 먹고 살았다.

"다 집에서 낳어. 누구 있으면 애가 안 나오고 없어야 나와. 막내둥이도 내가 애 낳으면 재수 엄마가 해준다 했거든. 열한시 반에 낳았어. 첫 국밥 해준다고 내가 미리 맞춰놨어. 그랬더니 열한시 반에 '여보, 애가 나올 것 같아 재수 엄마 불러와.' 그랬더니 우리 영감 신발 신고 나가니까 우리 큰딸이 '아빠, 엄마 애가 낳았어.' 애가 아빠 나가기 전에 금방 나왔어."

딸 둘에 이어 귀하게 얻은 아들 둘까지 모두 일찍이 짝을 만나 출가했다. 특히나 공부 욕심 많았던 큰딸은 새마을금고 높은 자리에 있다고 뿌듯해 하신다. 부모 마음에 자식 잘 사는 재미보다 큰 것이 어디 있겠는가.
둘째딸 외손주는 3대가 부곡초등학교를 졸업했다고 장학금을 받아왔다. 남편이 부곡초등학교 11회 졸업생이니 부곡동에서도 드문 일이다.

부녀회장 하면서 봉사도 하고

권오분 부녀회장을 마지막으로 월암 2리 부녀회도 2000년대에 막을 내린다. 3살 아래 신옥란 어르신이 총무를 하시고 마음이 잘 맞아 8년 반을 같이 활동하였다. 전에 부녀회장 하셨던 한민석 어르신도 옆에서 많이 도와주었다.

"동네에서 부녀회장 뽑는다 그래서 일부러 내가 안 갔어. 그랬더니 동네 사람들 다 나를 시키려고 옆집 아줌마한테 전화 걸어서 나 데리고 오래. 나 안 가려고 그랬다니까. 농사도 짓고 바쁘잖아. 안 하려고 그랬었지."

큰딸 결혼하고 부녀회 활동을 시작했다. 직장 다니는 딸을 도우며 부녀회장 하면서 외손자를 업어 키웠다. 통장과의 소통도 필요했다. 부녀회장 8년 하는 동안 조태환, 최건진, 최찬덕 순으로 3명의 월암 2리 통장이 바뀌었다.

부녀회에서는 마을단위 행사나 봉사활동에 참여했다.

"도깨비시장 농협 앞에서 바자회 했잖아. 바자회 하면 뭐냐면, 옷 같은 거 걷어서 천 원씩 팔아. 이렇게 부침개 부쳐서 남들 와서 사먹고 국수 삶아서 사 먹고 이렇게 동네 기금 만드는 거지. (……) 체육대회 하면 우리들 모여서 부침개 전날에 다 부침개 반죽해서 그래서 부쳐. 부쳐서 체육대회 할 적에 하고, 그리고 또 요양원에 가서 무급 봉사 맨날 갔지. 그런 거 하고 또 집에 와서는 액젓, 미역 그런 거 파는 거야."

일 년에 한 번, 집집마다 빠지는 사람 없이 관광을 간다. 부녀회장은 잘 놀아야 하나 보다.

"부녀회장 보면 앞장서서 사회도 보고. 내가 막춤도 잘 춰. 내가 웃겨. 소주병(뚜껑)을 눈에 딱 2개 딱 끼워. 그래서 막 추고, 휴지로 머리 쪼메고 이렇게 웃겨야 재미있지. 부녀회장 아무나 하나. 얌전하고 말도 안 하고 이러면 부녀회장 못해."

일하는 밭에는 언제나 흥겨운 트롯이 흘러나온다. 흥이 많은 분이다. 한동네에서 늙은 도롱마을 아주머니들과는 정이 깊을 듯하다. 부곡동에서 부녀회 활동하셨던 분들과는 매월 친목모임을 이어오고 있다. 이사는 갔지만 아주 멀리 가지 않았으니 앞으로도 모임을 이어갈 수 있을 것이다.

사람이 농사를 짓고 살아야

친정아버지 말씀이 사람이 농사를 짓고 살아야 전망이 있다고 하셨다. 많지 않아도 조상대대

1 부부가 꾸리는 밭
2 친목계 모임에서 대부도 놀러가서
3 부곡동 부녀회 활동하는 분들과 봉사하며

로 물려받은 땅에서 먹거리는 실컷 먹고 살았다.

"우리 해가지고 실컷 먹지. 고추, 감자, 호박, 오이, 옥수수, 깻잎, 콩, 들깨, 생강, 고구마, 애콩, 그러니까 완두 콩, 파. 파는 양념에 들어가는 거니까. 부추, 김장배추도 심고, 무, 마늘만 안 심어."

매년 씨를 받아다가 다음 해에 농사를 짓는다. 씨앗 또한 물려받은 땅과 함께 대대손손 이어온 것이다.

"올해 씨받았다가 내년에 써야지. 묵으면 안 나와. 더구나 팥 씨는 묵으면 안 나와. 조선파가 토종이구. 깨도 아주 뭐 토종이지. 오이도 조선 오이 진짜 맛있는 거."

운 좋게 얻어먹은 점심 밥상은 감탄이 절로 나온다. 재료가 좋을 뿐 아니라 손맛도 일품이다. 올해 받은 씨앗을 내년에 심을 곳이 있으면 좋으련만.

밭 가운데 있는 하우스에서는 권오분 어르신네 이층집과 마을이 한눈에 들어온다. 매일 오고 싶은, 참 좋은 곳이다.

"둘이 살면서 이층집을 졌는데. 시큰 써 우리는. 위에 옥상도 있어. 고추 너는 옥상도 있어. 만족하게 살다가 별안간에 진짜 닭장 같은 아파트에 살게 되니 이거 얼마나 억울해. 나는 억울하다는 소리밖에 표현을 냄길 수밖에 없어. 데모하러 가서도 소용 없구. 암만 '이놈들아, 왜 내쫓느냐.' 별거 다 써 붙였잖아. 그래도 소용없어."

웃으며 이야기 나눈 끝에, '억울하다'는 말이 마음에 콕, 박힌다. 앞으로도 지금처럼 두 부부, 웃으며 행복하게 사시길 기도드렸다.

우리가 도롱마을에서 살았어요

마을집, 열하나

신숙경
도진수

지금도 여기만큼
좋은 동네는 없어

55년생 양띠. 올해로 66세가 되었다는 도진수 씨는 증조할아버지, 할아버지, 아버지, 도진수 씨와 자녀분들까지 무려 5대에 걸쳐 마을에서 쭉 살아왔다고 한다. 도롱마을은 마을 사람 대부분이 평생을 농사 지으며 살던 곳이었다. 어렸을 적엔 그렇게 농사를 짓는 것이 싫어서 일부러 안양공고로 진학하였고, 결혼을 하고 나선 회사를 다녔다. 하지만 IMF로 인하여 42세의 나이에 퇴직할 수밖에 없었고, 시간이 흐르니 어느새 자연스럽게 농부가 되어 있었다. 그렇게 싫어했다고 했는데, 사람의 앞날이란 것은 역시 어떻게 될지 모를 일인가보다.

성주도씨와 도룡마을

오래도록 살아온 마을에 대한 기억을 이야기하기 전에 도진수 씨는 가장 먼저 그들의 집안인 성주 도씨 가족들이 어떻게 이 도룡마을에서 살게 되었는지에 대한 이야기를 꺼내들었다. 할아버지의 할아버지, 어쩌면 그보다 훨씬 더 오래 전에 시작되었을 옛날이야기였다.

"한 3, 4백 년 전에 노인네가 벼슬을 했다고 올라오셨다가 저기 용인 양지 뻘에서 전사를 하셨어. 지금 경기대학교 있는데, 거기다가 산을 도지사한테 임명을 받아가지고. 돈을 안주고 그때는 이제 임야로 줬지. 그 할아버지 묘소가 창녕초등학교 앞에 있어. 지금 거기 버스정류장이 있는데, 거기에 있어, 우리 할아버지가."

성주 참외가 나는 것으로 유명한 대구 용산동에 살고 있던 도씨 집안의 어르신께선 아주 오래 전, 벼슬을 하기 위하여 서울에 올라왔다가 용인에서 전사를 하셨다고 한다. 남은 집안 사람들은 결혼과 이사 등을 이유로 널리 흩어져 살게 되었고, 그렇게 수많은 자손들이 각 지역으로 퍼져나가게 되었다고 하였다. 도진수 씨는 그렇게 여기저기로 퍼진 집안사람들의 수가 대략 3, 400명은 훌쩍 넘을 것이라고 웃었다. 그 과정에서 도진수 씨의 가족들도 자연스럽게 지금 이곳, 도룡마을에 자리를 잡게 되었다.

"시제를 잡수는 할아버지가 계신데, 이분은 어모장군[1], 절충장군[2]을 다 하셔가지고. 이 묘소가 또 지금 여기에 있어요. 여기 감나무골에. 월암동에서 수많은 자손들이 전부 퍼졌지. 그리고 부곡에도 지금 사무실을 하나 차려놓고, 땅이라든가 임야라든가 여적 관리를 해가지고. 지금도 구정에 종친회 그걸 하면서 한 백 명에서 백이십 명 다녀가셨어."

도씨네 가족들은 지금도 늘 서로에게 의지할 수 있는 기둥이 되어주고 있었다. 가족들끼리 이야기를 나누어, 부곡에 종친회 사무실을 열고 지금도 그곳에서 집안사람들이 집안의 땅이나 임야 등을 관리하고 있다고 한다. 과거에는 종친회의 자금관리를 그의 할아버지가 도맡으셨다고 한다.

---

[1] 어모장군(禦侮將軍)은 조선시대 정3품 당하관의 무반에게 주던 품계이다.
[2] 절충장군(折衝將軍)은 조선시대 정3품 당상관의 무반에게 주던 품계이다.

마을사람들이 상여를 메던 곳

도룡마을 안에는 다양한 모임이 있다. 마을의 선후배 모임인 도룡회, 부녀회, 상조회 등. 그 중에서도 상조회는 마을사람들 모두가 함께 도와 상을 준비하던 마을의 대표적인 모임 중 하나였다. 도진수 씨는 동네에서 상이 나면 마을에 보관해둔 상여를 꺼내, 이것을 꾸며서 돌아가신 어르신들을 모시고는 했다고 한다.

"지금은 문화가 바뀌어가지고 저 화장 문화로다가 가기 때문에, 몇 분은 아마 지금도 그런 얘기 할 거야. 나는 죽은 것도 뜨거워서 싫은데, 또 불구덩이에 또 갖다 화장해믄 안 된다 그래가지고. 나는 죽으믄 묻어 달라 이렇게 유언하시는 분도 계시대."

지금은 상여를 쓰지 않게 되었지만, 사용하던 상여는 여전히 마을 외곽에 떨어진 창고 안에 보관되어 있다한다.

"상조회는 누가 돌아가시면 연락을 해요. 사람이 50명이든 40명이든. 옛날에는 5천 원짜리도 있지만, 지금은 5만 원만 해도 40명이면 장례비가 꽤 되니까. 그렇게 다 같이 서로 보태서 도움이 되는 거지. 어떤 사람은 10만 원, 20만 원 하는 사람도 있겠고. 다른 외지사람 쓰면 돈이 그리 나가잖아. 요즘도 가난한 사람은 장례비도 못 내고 빚을 내고 그런 세상인데. 그 도움이 되고자 인제 우린 그걸 해가지고 노인네들 잔치해서 떡도 해드리고, 국수 삶아내고 이런 식으로 효를 해자 그래가지고 선배님들이 만든 거지."

살면서 가장 힘든 시기에 서로 의지가 되어주고, 보탬이 되어주는 마을 상조회는 도룡마을 사람들 모두의 자랑이자, 든든한 지원군이었고, 가족이 다하지 못하는 역할까지 해주었다.

도시가 부러웠던 옛 마을 흙길

"이건 제가 할머니 때 들은 얘기인데, 저쪽에 진터걸길이 있어. 여기가 옛날에 중공군이 전쟁통에 여그 와갖고 진을 치고 있었대. 그래서 여기서 진을 치고 중공군 놈들이 피신해 있고 그래가지고 진터걸길이라는거야. 이름 유래가 그런 거지."

절터가 있던 자리가 있어 선사골, 지금처럼 지하수가 아니던 시절부터 논에서 물이 잘나고 농사를 잘 지을 수 있던 곳이니 방죽말길 등. 도룡마을에는 재미난 이름의 유래를 가진 장소와 길이 많았다. 어렸을 적부터 할머니나 동네 어르신들에게 들었다고 하는 동네에 관한 옛이야기들과 마을에 대한 기억은 지금도 도진수 씨의 가슴에 선명하게 남아있었다.

"도로는 요 근래에 생겼어. 기찻길 옆으로 원래 도로가 있었어야 발전이 되는데 발전이 안됐어. 여기서 버스를 내리는 것도 아니고 저기서 내리고, 저쪽에서 내려서 부곡 가야 하고 그러니까 그거면 벌써 반은 가니까 걸어 다녔지."

옛날과 비교하면 많은 것들이 생기면서 바뀌게 되었다고 한다. 마을 주변에 가게라고는 하나 없어, 과자나 통닭 하나를 사고 싶어도 저 멀리 부곡이나 의왕역까지 나갈 수밖에 없었다. 그렇게 한참을 걸어서 장을 보고 오는 것이 동네 사람들에겐 당연한 일이었다.

"그땐 그냥 남의 논두렁에 우마차 대녔지 뭐. 길이 어딨어. 이 시멘트 길이 없었을 때, 땅이 질어서 자전거도 바퀴 흙이 끼어가지고 엄청 힘들었지. 이런 옛날 일은 어르신들이 더 잘 알겠지만. 우리 때도 그렇게 다녔단 거야. 여까지 질은 데로다가 비가 와도 다녔지."

도진수 씨가 기억하는 옛 마을의 주변에는 흙길과 기찻길 말고는 정말 아무것도 없었다. 쭉 늘어선 철로의 옆길도 지금은 상상하기 힘들 정도로 무척 좁았다. 지금에서야 이렇게나 넓은 도로가 깔리게 되었지만, 옛날엔 좁은 철로 옆을 걷다가 저만치서 기차가 올라치면 혹시나 죽을까봐 가방을 둘러메고선 후다닥 수로가 있는 가장자리까지 뛰어내렸다고 한다.

"포장도로가 없으니까. 그 전설 따라 삼천리 할 때처럼 비가 꽈당꽈당 번개치고. 그래도 집엔 와야지 어떡해.

눈이나 비가 오는 날이면 땅이 질어 걷는 것도 힘겨웠다. 젖은 땅에 쑥 파묻혀 벗겨진 신발을 다시 주워다 신는 일도 빈번했다. 힘들지만 집엔 가야했기에 푹푹 꺼지는 흙탕물을 밟으면서도 집으로 향하고는 했다. 새 신발 같은 것은 엄두도 못 낼 정도였다. 젖은 길 때문에 신발이 벗겨질 때면 도진수 씨는 늘 도시가 부러웠다고 한다.

"옛날에는 이쪽 기찻길에서 사고도 많이 났지. 이쪽 육교가 없어서 소로 달구지 끌고 가다가 기차가 치어서 죽은 것도 보고. 70년대 이 전철이 생기면서 플랫폼 있는데, 그때 기차는 이렇게 매달려 타는 사람도 많았고 명절이 되믄 또 사람이 많았어. 버스를 타도 그땐 저 이목동이나 저기 반월북동에 내리면 여길 또 걸어와야 돼. 그때는 다 흙길이었어, 흙길."

마을과 기찻길이 가까이 있어서, 틈만 나면 몰래 입석으로 기차 문에 매달려 타는 사람들도 동네에는 수두룩했다. 지금처럼 기찻길 옆에 높은 담장도 없었고, 멀끔한 플랫폼이나 스크린

도어 같은 것은 볼 수 없었을 적이었다. 물론 그 탓에 사고도 많았다. 도진수 씨는 사람이 크게 다치거나 죽기도 하고, 동네에서 기관사를 하던 분이 고라니를 치어죽인 일도 있었다고 한다.

일을 하던 젊은 시절

"여기서 내가 초등학교는 부곡초등학교 나오고, 중학교는 저기 수원으로 걸어다녔어. 또 안양공고에 갔고. 농사 짓는 게 싫어가지고 안양공고를 갔었어."

누구나 농사를 짓는 것이 당연했던 마을에서 태어나 자라온 도진수 씨는 어렸을 적엔 그것이 싫어, 일부러 공고에 진학을 하였다고 했다. 열심히 학교를 다니면서도, 그는 아침 등교시간에 맞춰서 틈틈이 신문을 돌리는 일을 했다. 그것이 고등학교 2학년 때의 일이었다. 도롱마을에 있는 집에서부터 학교까지는 한참이나 떨어져 있기도 했고, 그렇게 해서라도 벌지 않으면 힘든 시기였다고 한다.

"고등학교 다닐 때는 신문을 돌렸지. 먹고 살기가 힘들어서. 기차가 장항선 타려면 한 두시간 반 걸리고, 그러면서 신문을 돌렸던 거야. 고등학교 2학년 때 그랬지. 여기 지금 중고등학교 있지만 6.25때 폭격 맞아가지고 학교가 없으니까 걸어 다녔어. 걸어서 한 시간 걸렸지. 동남보건학교 있는데 저 찔러서, 기차도 그렇고 교통이 아주 월암리가 안 좋았어."

아내와 결혼을 하고 가정을 꾸리게 되었을 적에는 회사를 다녔다. 제법 큰 회사였다고 한다. 3교대로 근무를 하며 수출도 해보고, 현장을 오가며 열심히 일을 하였다. 회사를 다니면서도 집안 농사일을 꾸준히 도왔다고 했다.

"안양공고 다니고, 그러면서 회사를 선경SKC를 다녔는데 한 20년 근무했지. 거기 가서 나라에 돈 많이 벌어줬는데, IMF 때 구조 조정으로 퇴직했어. 그전에는 또 안양에서 다른 회사를 한 3년을 다녔고. 퇴직하고 그냥 일 안하고 놀기는 싫었거든. 서울공작창[3]에도 또 다녀보다가, 건설하는 데 일하다가."

20년간 열심히 근무하던 회사였지만, 1999년 IMF를 겪어 구조조정으로 42세의 나이에 이른 퇴직을 할 수밖에 없었다. 어려운 경제 상황 속에서도 그는 "일을 안 하며 놀기는 싫다."며 부지런히 다양한 일을 찾았다.

1 대문 명패
2 부모님을 모시던 의자
3 젊은 날, 도진수님

집을 개축하고, 농부가 되다

"지금도 농사를 짓는 게 제일 돈이 안 되고 다른 사업해서 돈을 번다 그래가지고 많이 외지로 나가고 그러는데, 농사 지어가지고 좋은 곡식 먹고 돈이 안 되더라도 좀 편하게 살아야지. 진짜 어려서 이 초가집에 민속촌 마냥 초가집에 살았던 때는 이제 기와집에 살았으면 좋겠다. 그래가지고 지금 이 집도 새로 짓고 그런 거야."

줄곧 가족들이 함께 살던 낡은 초가집이었다. 오래도록 다니던 회사를 그만두게 되면서 그는 큰맘을 먹고 이 집을 개축하기로 하였다. 도진수 씨는 어렸을 적부터 튼튼하고 멋진 기와집에서 살았으면 좋겠다고 생각했다고 하였다. 그것이 2000년의 일이었다.

"아버님은 해병대 17기인데, 그 전에 6.25 전쟁 때 폭탄투하로 상처가 있어가지고. 보훈증을 신청했어요. 국가유공자하셨어. 7급이었는데, 근데 한 20년 전에 노인네들이 중풍이 오셔가지고."

집을 개축하면서 고향에서 농사를 짓고, 몸이 불편하신 부모님을 20년간 모셨다. 중풍으로 아프신 부모님을 마을과 떨어진 병원까지 모시고 다니며, 도진수 씨는 그때부터 도롱마을에서 줄곧 흙을 만지고 살았다고 하였다.

"지금은 또 농사, 우렁장업 꺼내갖고, 우렁 친환경 쌀을 하고 있어요. 지금도 일하는 거지. 이제 직불금도 조금 나오고, 그래서 트랙터도 장만하고, 콤바인도 장만하고. 그래가지고서 좀 편하게 기계로다가 핼라고 그러니까 농토가 다 들어가네."

오래도록 마을 사람들이 모두 농사를 지어왔다는 마을답게, 자신도 농사를 짓게 되었다. 도진수 씨는 처음에 그 넓은 농토가 모두 밀려나고, 새로운 아파트와 사람들이 들어선다는 것을 들었을 때 무척이나 복잡한 마음이었다고 한다. 화가 나기도하고, 슬프기도 한 그것은 말로는 다 설명할 수 없는 감정이었다.

"옛날엔 한 6천 평 정도 있었는데. 임야는 저기에 안 들어갔고. 논, 지금 저거 1,800평. 이제 올해 끝이지 뭐."

---

3 서울철도 구 용산차량 기지. 과거에는 '서울공작창'이라는 이름으로 열차며 화차를 생산했던 이력이 있으며, 열차나 화차를 생산해오다가 생산시설을 철거하고 정비시설을 늘리면서 그후로는 중정비를 담당하였다.

넓은 논을 가리키며 도진수 씨가 서글픈 것처럼 내뱉었다. 언제까지고 그리울 마을. 도롱마을은 그와 마을 사람들 모두가 부지런히 일하며 일궈놓은 땅이었다.

"아쉽죠. 떠난다고 하니까 그게 좀 섭섭해."

많은 것이 변화한 장소, 나의 보물상자

변화가 많은 도롱마을에는 옛날에 공동 우물터가 있었고, 모든 동네 사람들이 그 우물터에서 물을 길어다가 쓰고 마시고는 했다. 도진수 씨도 어렸을 적에는 늘 그 우물터로 향했다고 한다. 지금은 집집마다 도시가스나 수도, 난방시설이 있지만, 그땐 아무것도 없었다. 동네 사람들이 모두 아궁이에 불을 때워 방바닥을 데우던 시절이었다. 도진수 씨는 따뜻하게 겨울을 나려면 매번 초가집도 새로 엮어야했었다고 옛 기억을 떠올리며 웃었다. 짚이 모자라면 근처 산에 가서 서까래를 긁어모아다 아궁이에 밀어 넣기도 하였다. 시간이 지나 자연스럽게 들어온 난방시설은 사람들의 생활을 편리하게 해주기는 했지만, 그는 지금도 가끔씩 아궁이에 불을 지피던 때의 일이 떠오르는 것 같았다.

"여기가 달 월자에다가 바위 암자, 월암. 여기는 소목장도 없고 공장 폐수도 없고 그러니까 오염이 안돼요. 여기가 지대가 높아 저수지로 물이 내려가니까 좋고. 여기가 저쪽 철탑 너머 보다 조금 지대가 높은 거예요. 그래서 약간 추워요. 하지만 이제 비가 오믄 물이 차서 망할 일도 없고. 좋은 마을이야."

자그마한 초가집이 늘어서있고, 주변에는 온통 논과 밭뿐이던 옛 모습. 물을 마시려면 오래된 우물에서 물을 길어 와야 했던 동네. 마을에 있던 당집에선 옛날 할아버지 적부터 매월 정월보름날이면 이 당집을 중심으로 달맞이 행사를 하고, 마을 사람들이 모여 풍년이 되기를 기원하고는 했다고 한다.

지금은 지하수가 들어오고 빌라가 들어오는 등 과거와는 사뭇 다른 모습을 하게 된 마을이지만, 그는 지금도 이 마을만큼 좋은 동네는 없다고 말한다. 가족들이 함께 자라온 고향땅, 월암리 도롱마을은 도진수 씨에게 있어서 더없이 소중한 추억을 담고 있는 보물 상자와 같은 곳이다.

우리가 도롱마을에서 살았어요

마을집, 열둘

박영옥
도종길

감나무는 아직
그 자리에 있다

"여기, 길 따라서 이리 올라와."

도종길 어르신은 먼발치, 그늘진 언덕에서 우리를 맞이했다. 감나무 아래 앉아 밭을 바라보는 어르신의 모습을 보니 꼭 도룡마을을 지키는 보초 같다는 생각을 했다.

"늙은이한테 뭘 들을게 있다고 여 멀리까지 오고 그래."

퉁명스러운 말 속에, 더운 날 마을을 오가느라 고생한다고 걱정하는 마음이 느껴졌다. 젊은이들을 바라보니 손자, 손녀를 바라보는 것 같아서였을까. 커다란 감나무가 만들어주는 그늘 아래, 넓게 트인 경치가 무척이나 아름다웠다.

집 안, 손길의 흔적

내가 어렸을 적 도롱마을에서

"거 밑에 '도종문'이라고 쓰여 있는 집 있지? 그게 우리 형님이고, 우리 5남매가 태어나고 자란 집이야."

1941년, 어르신이 태어난 해다. 이어 어린 시절을 어렴풋이 더듬으며 형제들을 떠올렸다. 다 함께 부곡초등학교를 나오고, 개울에 가서 물놀이 하고, 참외서리도 하던 가장 가까운 동무들. 나이가 차고 각자 가정을 꾸리면서 서로 멀어질 수밖에 없었다.

어린 시절, 집안일을 도맡아 했던 것이 그렇게 기억에 남는다고 한다. 옛날엔 사람들이 연탄과 보일러 대신 나무로 땔감을 썼던 터라, 산을 둘러보면 온통 시뻘건 흙만 보였다고 한다. 어르신도 나무를 가져오기 위해 아직 나무가 남아있는 저 멀리, 백운산까지 다니곤 했단다. 꼭두새벽에 일어나 도시락 챙겨 나가면, 한참을 걸어 산에 도착한다. 어느새 돌아올 때가 되면 늦저녁이다. 학교에 나가지 않는 날이면 매번 그랬단다. 나무를 하러 나가거나, 밭일을 돕거나.

학교 가는 길 또한 녹록치 않았다. 아침마다 뛰어서 40분 거리. 걸어가면 한 시간이 족히 넘는 시간이다. 지칠 법도 하지만 그나마도 공부하는 것이 어디냐, 하고 꾸준히 다녔다.

"이제 학교 마치고 올적에는 오면서 여럿이 장난치고, 고구마도 캐먹고, 뭐 걸어오면서 한 두 시간은 족히 더 걸려서 오고 그래. 빨리 오면 집에 가서 또 일해야 하니까."

그래도 아이들은 아이들인지라 학교 마치고 집에 오는 길은 최대한 천천히 놀면서 왔다고 한다. 아이들도 일을 해야만 식구들이 같이 먹고 살 수 있었던 시절이었다.

"여기가 그야말로 엿장수한텐 노다지였어."

그 당시 도롱마을엔 하도 애들이 많으니까, 엿장수가 한번 등장했다 치면 여기저기서 고철이니 신발이니 온갖 것이 튀어나왔다고. 파안대소하는 노인의 주름 너머로 열너덧 살 소년의 모습이 스친다. 어르신에겐 아직도 그때의 동네 모습이 눈앞에 선하리라.

도롱마을을 떠나 피난길에 나서다

소년이었던 도종길 어르신도 전쟁의 포화를 피해갈 수는 없었다. 6월 25일 새벽에 시작된 총성은 삽시간에 도롱마을까지 번졌다. 북한군은 철도를 통해 내려오고, 마을 인근에 폭격이

가해졌다. 북한군 수백 명이 마을을 둘러싸고 낮이면 주변 숲에 들어갔다가, 밤에 나와 식량을 요구했다고 한다. 이러다간 큰일이 나겠다 싶어, 남양에 있는 고모 댁으로 피난을 갔다. 이후 인천상륙작전이 성공해, 9월 28일 서울 수복과 함께 소년 도종길은 다시 집으로 돌아왔다.

"6.25 전쟁이 나고 9.28 수복 그 동안에 어쩜 그렇게 공산화가 빨리 되는 거지? 북한군 들어오기도 전에 우리 학교 책 빼앗아다가 불 지르고, 김일성이 노래 가르치고. 가을이 되니까 웬 사람들이 돌아다니면서 낱알을 하나하나 세서 감시하고 그랬었지."

어르신은 9.28 수복과 함께 들려온 소식으로, 이제 만주까지 가서 전쟁을 끝낸다 하니 마냥 좋았더라고 회상했다. "근데 또 얼마 안가서 겨울에 내려오게 되더라고. 중공군 내려오니까." 가족들은 다시 피난을 떠나야했다. 열댓 식구가 이불과 쌀 싣고, 충청도 아산까지 걸어 내려 갔더란다.

"눈은 계속 오고, 지금 1번 국도 따라서 내려갔지. 서울 과천에서 길 따라 내려오는 피난민이 엄청나게 많았어. 평택을 지나가려는데 그 다리를 끊는다고 해서 이러지도 저러지도 못하고 개천에서 밤에 자고 그랬어. 아산 도착해서 빈 헛간 들어가 씻지도 못하고 있으니 옷하고 머리하고 이는 엄청 나고."

구락부의 추억

도종길 어르신은 한 때 '4H 구락부'의 회장이었던 과거를 자랑스럽게 회상하였다. 새마을운동이 한창이던 60~70년대, 도룡마을에도 변화의 바람이 불었다. 진흙길을 아스팔트로 깨끗이 닦아놓고, 초가지붕을 슬레이트로 바꾸니 참으로 보기가 좋았다고 전했다. 아침이면 마을 사람들이 모여 함께 마을길을 청소하기도 하고. 회원들과 허드렛일을 해서 마을발전기금을 모으기도 했다.

"거 8월, 9월에 명절 추석 있잖아. 그때마다 누가 각본을 써다가 갖다 주면 우리끼리 극단도 만들어서 동네사람들 보여주고 그랬어."

마을회관에서 하셨느냐 물으니, 그때는 회관이 마을에 없었단다. 대신 나무를 베어다가 간이무대를 만들곤 했다고. 연극 얘기를 하다가 떠오른 한 북한군 포로에 대해서도 말을 꺼냈다.

"북에서 포로로 와가지고, 그전에는 선전부장이라고 방송하던 사람이 마을에 있었어. 아주

언변이 좋아. 그 연극할 때는 인민군으로 분장시켰는데."

한때는 마을 청년들이 모여 복싱도 배웠다고 한다. "저 안양경찰서에 형사였던 사람이 하나 있었어. 퇴직하고 나서 청년들 모아다가 가르치고 그랬지. 근데 어디 링이 있어 뭐가 있어? 지푸라기 엮어다가 빙 둘러서 하고. 한 때 면 대회까지 나가려 했다니깐."

전하는 얘기를 듣자하니, 참 낭만적이라는 생각이 저절로 들었다. 지금은 조용한 도롱마을이지만, 한때는 어느 곳 못지않게 뜨거웠던 곳이었겠다는 생각이 들었다. 어느새 어르신의 눈가가 젖어들고 있었다.

"그때가 사람 사는 것 같았지 뭐. 재미도 있고. 먹는 것 하나 부족해서 그렇지, 다른 건 불평 없이 살고 그랬지."

돈 억만금보다 자랑스러운 우리 자식들

옛날에는 연애결혼이라는 것이 흔하지 않았다. 대부분 집안에서 점지해주는 대로, 중매가 엮어주는 대로 연을 받아들였다. 도종길 어르신 또한 중매로 혼인을 맺었는데, 아내 분을 처음 봤을 때 어땠느냐 물었다. 답이 참으로 유쾌하다.

"아, 그거야 눈에 콩깍지가 씌워졌으니까 결혼했지."

아내와 함께 독립해 서울로 향한 어르신은 조그마한 사글세방에서 시작해, 전세방으로 옮기고, 끝내 '내 집 마련'에 성공했다. 집을 마련하기 전까지 이사한 것을 횟수로 따지면 놀랍게도 서른 번이 넘는단다. 그 난리통에 혼인 때 아내가 가져왔던 장롱도 망가져버렸다고. 보통 고된 일이 아니었을 것이다. 하지만 그런 고생 속에서도 자녀들 교육은 어설프게 하지 않았다. 자식 자랑 좀 해보시라는 말에, "자식 자랑은 칠푼이나 그리 하는 게지, 뭘." 하며 연거푸 말을 아꼈다.

"대단하게 출세는 못했지만, 부모 속 안 썩이는 것, 그거 하나만은 잘했다고 봐. 부모 속 안 썩이면 그게 효자야. 달리 없어. 요즘 가만 보면 자식이 있는 재산 죄다 팔아먹고 자기 부모는 셋방살이 시키고, 이런 사람들이 있어. 그렇게 사니 돈 억만금이 있더래도 소용없지. 그런 걸 보면."

야단법석이 뭔지 알아?

1 바이크와 함께
2 이야기를 들려주며

"야단법석이 뭔지 알아?"

도종길 어르신이 대뜸 질문을 건넸다. 이는 불교에서 유래한 말이다. 석가모니가 당시 유랑을 하며 들판에서 법회를 할 때, 그 소식을 들은 신도들이 벌떼 같이 모여든 모습을 묘사한 것이다. 어르신은 옛날 어른들이 이런 고사성어들, 농담들을 전해주었다고 말했다.

"옛날 돌아가신 분들, 노인네들이 농담도 하고 그랬는데. 그게 다 지혜가 담긴 말이라 그거지. 지금 밖에 봐. 도덕이 무너져서 자식이 부모 죽이고. 이게 꼭 살모사잖아. 어미 죽이는 뱀. 그러니까 그런 이들보고 짐승 같다고 하는 거야. 이런 말들이 지금 애들한테 전해지질 않아서 그래. 어릴 때는 마냥 재밌는 농담거리로 듣곤 했는데, 지금 생각해보니까 그게 참 뜻이 깊은 말이야. 전부."

어르신은 잠깐 생각에 빠지더니, 제사에 대해서도 얘기를 꺼내셨다.

"당에서 제사 지내는 게 한 300년은 되었을 거야. 동네 평안을 위해서 미신이라고 해야 할지, 시작했지. 옛날 노인 분들은 다 그렇잖아. 나야 지금 유지를 못했는데, 그게 아쉽네. 뒷사람들이 미신, 종교 떠나서 전통 문화로 어느 정도 유지를 해줬으면 좋은데, 그걸 못하니까 아쉬워."

도종길 어르신이 보기에, 시대가 변하면서 전해지지 못하는 귀한 가치들이 너무나 많아 보인단다. 사람이 사람에게 전하는 가르침, 이는 가뜩이나 사람이 사람을 꺼려하는 사회가 되어버려 더욱 찾아보기 힘들게 되었다. 가뜩이나 코로나 사태로 저마다 마스크까지 끼면서, 사람 사이를 더욱 갈라놓으니 걱정이 크다고 한다. 동네 어른에게서 지혜를 배우고, 위안을 받던 그 시절이 다시 돌아오지 못할 것 같아 아쉬움을 한숨으로 표했다.

"화필시 화필몽적이라고, 꽃은 펴야하고 꽃은 열매를 맺어야 해. 나무가 가을이 되고 낙엽이 지면 어디로 떨어져? 땅으로 떨어져서 뿌리로 향하지. 그게 또 꽃으로, 열매로 변하고. 우리 조상님들이 해오던 것들, 전해준 말들을 좀 뒤에도 전해서 그게 거름이 되고 꽃이 되면 좋겠는데. 사람이 사람을 경계하잖아. 그런 시대가 왔잖아. 그게 아쉽네."

감나무는 아직 그 자리에 있다

도종길 어르신 앞에 우두커니 서있는 감나무. 키도 크고, 잎도 울창한 것이 혼자 서있어 마치 신목 같은 느낌마저 들었다. 여기엔 어떤 사연이 있을까 궁금해 하던 찰나, 이야기가 시작되었다.

어르신의 아버지는 줄곧 이 언덕을 찾았다고 한다. 그는 밭이 내려다보이는 이곳에 와서 아들들을 데리고 휴식을 취하곤 했다. 그때부터 감나무는 그 자리를 지키고 있었다. 1914년에 태어난 아버지가 소년시절 심어놓았으니, 지금에 이르기까지 꼬박 백 년 가까이 살아온 것이다. 아버지가 93세의 나이로 명을 다하시던 해, 감나무도 함께 쓰러졌다. 나무가 아버지와 운명을 함께 하였다고 생각한 도종길 어르신은 아버지를 기리며 이 자리를 지켜왔다는 것이다. 그러자 놀랍게도 어느새 쓰러진 자리에서 새싹이 트더니 나무가 다시 자라나는 것이 아닌가. 지금껏 나무를 가꿔온 아버지의 의지와 사랑이 아들에게 이어진 듯했다. 나무는 도종길 어르신의 아버지이며, 동시에 도종길 어르신 자기 자신이었다.

"그렇게 대를 이었는데, 없어지는 게 하도 아쉬워서. 눈물 나게 만드네."

도롱마을이 사라질 때, 이 나무는 온전할 수 있을까. 어르신의 우려 못지않게 걱정이 앞선다. 언젠가 이 나무가, 도종길 어르신과 그의 아버지가 이 곳에 아직 계신다면 인사드리러 오리라. 사람들은 어쩔 수 없이 하나 둘 떠났지만, 감나무는 아직 그 자리에 있다.

우리가 도룡마을에서 살았어요

마을집, 열셋

이송자
이범식

부곡에 도깨비시장을
처음 만든 게 나였어

이범식, 이송자 어르신을 만나기로 한 날은 이사를 며칠 앞둔지라 집이 어수선하다고 하셔서 두 분이 일하시는 비닐하우스에서 인터뷰를 진행하였다. 이범식 어르신은 월암에서 태어나지는 않았다고 한다. 꼬마 때부터 월암에 들어와 살면서 월암에서만 몇 차례 이사를 다녔고, 지금 사는 집에 들어와 살 게 된 것이 1976년이었다.
두 분을 만난 비닐하우스에는 이날 내다팔 부추를 다듬고 손질해서 박스에 담는 일이 한창이었다.

1 부부의 약혼식
2 옛날 우리 초가집
3 부부의 하우스

초스피드로 결혼식을 했지

이범식, 이송자 어르신은 1973년에 결혼했다고 한다. 남편과 8살 터울인 이송자 어르신은 강원도 봉평이 고향인데 남편을 만날 당시 서울에서 일하고 있었다. 동네분의 중매로 8월 추석에 선을 보고 그해 10월 22일에 바로 결혼했는데, 며느리가 곱고 맘에 들어 시아버님이 서둘러서 급하게 치룬 혼인이었다고 한다. 이송자 어르신은 24살 꽃다운 나이에 월암으로 시집와서 지금껏 살고 계시니 월암에서 살아온 세월이 어느덧 45년이 넘었다. 부부는 슬하에 딸 둘을 두었고, 큰딸은 이미 결혼을 했다.

부부의 농사이야기

자연스럽게 농사와 관련한 이야기부터 인터뷰를 시작했다. 부추 말고 다른 농사는 어떤 걸 지으셨는지 물었다.

"예전에 논농사도 하고. 우리 집에서 남는 거라 그러면 별로 없고, 돈 버는 건 없고 그냥 먹고 사는, 뭐 농사지어도 내 거는 없었지. 남의 거 많이 지었지."

농사를 크게 짓지도 않고 가족이 먹고 사는 정도로 지어왔다고 대수롭지 않게 말씀하시지만, 농사를 지어 자식 키우고 가족이 먹고 산다는 게 쉬운 일이 아닌 것을 알기에 그간 해온 농사에 대해 조금 더 자세하게 얘기해달라고 부탁드렸다.

"아니, 그러니까는 내 땅이 없으니까 그때는 어떻게 했냐 하면, 결혼하고 먹고살고 그러다 내가 통장이 되면서 내가 직접 하우스를 지어서, 40년 넘은 건데 나무로 지었거든요. 나무로 하우스를 지었는데, 여기에서 한 게 아니고 저기 체육공원 한 데서 거기서 지었다가, 월암 1리가서 하우스하면서 1년인가 2년 살다가 여기로 왔어. 그때는 그 동네에서 살다가 여기로 왔지."

이범식 어르신은 결혼하고 하우스를 직접 만들어서 농사를 지었다고 했다. 그 당시 제일 처음 하우스농사를 시작했는데, 그때 봄에 키운 작물이 솎음배추였다. 솎음배추를 수확해서는 안양에 내다 팔았다.

"그거 해서 안양으로도 하고. 수원으로도 가고. 그러니까 그때는 차가 저기니까 자전거로 실어다 팔고, 안양은 남부시장으로 가서 팔았고, 영등포는 안양 골목이라고 해서 안양 골목에, 저기 뭐야, 도매 남기는 사람들, 새벽장 하니까 도로 옆에 있어."

부부가 함께 농사지어 수확한 솎음배추를 일부는 안양 남부시장에 내다팔았고, 일부는 서울 영등포 안양골목에 내다 팔았다. 영등포 안양골목은 소매하는 사람들이 들러서 사가는 일명 채소 소매시장이었던 모양이다.

"그러면 자릿세 얼마, 뭐 100원이면 100원 자릿세가 있어. 길옆에, 도로 옆에서 파는데 장사꾼들이여. 소매하는 사람들이 와서 사가는 거지. 뭐 100원, 200원, 그때 당시는. 오래됐지. 70년대 말쯤."

처음에 두 부부는 자전거에 채소를 싣고 새벽에 역전에 나가 기차를 탔다가 1976년 8월 15일에 전철이 개통하고 나서는 전철로 이동했다. 새벽 3시쯤 머리에 이고 역전에 나가서 첫차를 타고 시장에 도착해서 새벽에 소매하는 사람들이 모이면 가져간 채소를 팔고 다시 집으로 돌아오면 시간이 8시, 9시 정도밖에 되지 않는다. 그렇게 장사하기를 한 10년 정도를 했다니 참 부지런한 부부다.

그 이후부터 안양의 대흥상회에서 차를 가지고 월암으로 물건을 받으러 오면서부터 조금 편하게 판매할 수 있었다. 농사를 지어 수확한 후 차에 실어 보내고 가벼운 몸으로 장사를 나갈 수 있었던 것이다. 그 다음으로 키워본 작물은 풋고추와 토마토였다. 농사만으로는 먹고살기가 빠듯해서 이범식 어르신은 농사 이외에도 다른 일을 병행해야 했다.

작은 체구지만 일은 거인처럼

"공사판에도 다녔고 조금씩. 고정적 수입이 안 되니까, 아파트 짓는 데도 다 나갔지. 그런 데 가기만 하면 '어서 오십시오'지."

작은 체구에 야무지고 다부진 이범식 어르신은 일도 야무지게 잘 하셨던 모양이다. 4남매 중 막내딸이었던 이송자 어르신도 신랑이 계속 농사지어 내다 파는 일을 했으니 함께 일을 해왔다. 철도 역무실에서 청소하는 일을 10년 정도 하다가 3~4년 전에 퇴직한 것을 빼고는 계속 농사일로 살아오셨다.
지난 세월을 돌아볼 때 가장 큰 어려움은 무엇이었는지 물었다. '시집와서 워낙 가난하고 없으니 항상 힘들었다'는 대답에서 세월의 흔적이 느껴진다.

"시집오니까 워낙 나이가 뭐이고 워낙 없으니까 항상 힘들었지. 그리고 남편이 참지를 못하고 그냥. 그럴 때 엄청 힘들지. 아니, 별거 아닌데 그럴 때는 진짜 받아들이기 엄청 힘들지.

워낙 남자 하나 바라보고 의지하고 왔는데."

이범식 어르신은 성격이 급한 편이고 이송자 어르신은 조금 여유로운 성격으로 보였는데 남편이 급한 성미로 참지 못하고 행동할 때가 힘들었다고 하신다. 그래도 두 분이 살아온 세월이 50년 가까이 되었으니 이제는 눈빛만 봐도 서로의 마음을 가장 잘 아는 듯 보인다.

시부모님 모시고 살았는데, 시어머님이 100세를 넘겨 돌아가셨다니 그 뒷수발도 쉽지 않았을 것 같은데, 아이들 키우고 농사짓고 장사하고 손에 물마를 날이 없는 세월을 살았을 이송자 어르신. 하지만 인터뷰 내내 워낙에 차분한 말투와 표정으로 말씀을 이어가셔서 삶의 고단함이라고는 느껴지지 않았다. 시부모님 모시느라 고생하셨다고 하니 넌지시 딸들 자랑을 하셨다. 두 딸이 엄청난 효녀라 할머니한테 잘했다고 하신다.

"애들도 우리 할머니가 100세에 돌아가셨지만, 할머니한테 지금 애들 같지 않게 할머니한테, 첫째는 할머니한테 잘했어요. 뭐야, 병원에 가계시거나 요양원에 있거나. 그냥 잘했어요. 인상 찌푸리고 그런 거 없이 잘했어요."

부곡도깨비시장은 나로부터 시작됐다고

부곡의 도깨비시장이 어떻게 시작됐는지 예전부터 궁금했던 부분이라 초창기 도깨비 시장 이야기 좀 들려달라고 부탁을 드렸다.

부곡의 도깨비 시장은 지금의 시장 농협자리에 예전에 중앙시장이 있었다고 한다. 80년대쯤 농협이 생기기 전에 중앙시장에 채소가게도 있었는데 처음엔 농사지은 채소를 그 가게들에 넘기러 갔다고. 가게에서는 필요한 것만 골라서 사고, 좋은 것만 골라서 사고 그러니 다 팔수가 없었다고 했다. 그래서 이송자 어르신은 직접 소매로 팔러 다니셨다고 한다.

"그거 갖고 다니면서 부곡에서 이렇게 이고 다니면서 소매로 하는 거지. 그러다가, 오이, 호박, 토마토 그때 많이 나왔었어. 그래서 또 우성아파트 5차, 6차 첫 입주할 때, 또 우성아파트 앞에, 경비실 앞에 거기 구루마에 실어서 거기에서 앉아서 팔았지, 경비실 앞에서. 그렇게 거기서 팔다가 또 팔았는데 저녁에 시장 보러 오는 사람이 엄청 많았어."

소매로 팔러 다니기 시작하면서 우성5, 6차 아파트 앞뿐만 아니라 지금의 롯데슈퍼 앞에 있는 백운아파트가 생기기 전에는 그 담벼락에서도 혼자 앉아서 채소를 팔기도 했다고 한다. 이송자 어르신이 장사하는 모습을 보고 한 명 두 명 옆에 와서 같이 팔기 시작했다고.

"도깨비 시장 롯데마트 그쪽으로 갖고 나가는 거야. 거기로 갖고 나가야 다 파니까. 백운 옆에 건물 담벼락 거기에 앉아서 팔았었지. 거기 앉아서 소매를 하고, 나머지는 거기 가서 팔고. 처음에 나 혼자서 거기 앉아서 팔았지. 한 사람 두 사람 장안면 사람, 월암리 사람 초평리 사람 나와서 팔고 그러다가 물 내려와서 몇몇이 장사하는 사람 돈 걷어서 여기 콘크리트에 서서 하수도 내려가서 도랑 공사했지. 공사해서 그 위에서 나란히 앉아서 팔았지."

당시에 조선오이가 잘 팔렸다고 했다. 옛날 오이인 조선오이는 사람들이 많이 찾았다. 가게도 별로 없을 당시였기에 저녁나절 밥하기 전에 나와서 많이 사가지고 갔다고 한다. 이송자 어르신은 제일 늦게 나와서 금방 다 팔고 들어가기로 유명했단다.

"그러니까 오후에 와서 딱 팔고 가고 많이 가지고 오나 적게 가지고 오나 그냥 여기 팔고 가고. 그래서 도깨비 시장이라고 이렇게(했지). 공사하고 쫙 나란히 앉았을 때 한 20명 넘었지."

혼자 팔기 시작했던 자리에 한 명 두 명 사람이 늘면서 20명 넘게 같이 팔게 되었고 사람들은 그 모습을 보고 반짝 나와서 다 팔고 사라지는 도깨비 같다고 해서 도깨비시장이라고 이름을 붙였다고 하는데, 나중에 여기에 칸막이 지어서 공사하고 가게들이 들어섰다. 가게도 하나 둘 생기고 가게세도 올라가고 상인도 늘어났다고 한다.

가게를 한 칸 얻었을 법도 한데 그러지 않은 이유를 물어보았다.

"내가 가게를 하나 얻어서 그런데 뭐 채소 이거 해서 가게 얻을 돈은 안 되고. 목돈이 (마련이) 안 되니까."

소매로 노상에서 장사하는 걸 시청에서 못하게 했던 적도 있다고 하는데, 그때도 이송자 어르신은 부녀회장과 함께 장사를 하게 해달라고 시청에서 허락을 받아냈다고 한다. 그래서 소매로 장사를 계속 할 수 있었다는 얘기를 하시는 걸 보면 조용한 표정 안에 숨은 담대함이 엿보인다.

내일모레 이사를 앞두고 섭섭함이 이루 말할 수 없을 듯해서 마지막 한마디를 부탁드렸다.

"이렇게 됐으니까 얼른 하루라도 빨리 가야죠."

월암 마을에서 만난 어르신들 중 떠나고 싶어하는 이는 없어 보인다. 고향땅이 있고, 몇십 년 살아온 집이 있고, 이웃이 있는데 왜 그렇지 않겠는가. 사진 속에 남은 이범식, 이송자 어르신의 표정에서 허전함과 서운함이 다 읽히는 것은 그 자리에 있었던 사람이라면 누구나 느꼈으리라. 모쪼록 새롭게 이사 가는 아파트에서도 건강하시길 빌어본다.

판매용 부추를 손질하며

농사와 함께한 삶

우리가 도롱마을에서 살았어요

마을집, 열넷

도미희
노세환

월암에서 농사지었죠
논농사, 밭농사, 교회농사, 마을농사

체육공원을 거슬러 올라 도룡마을로 내려서면 도심에서 보기 드문 논과 밭이 펼쳐진다. 마을의 나지막한 언덕 위에는 월암교회와 월암기도원이 있다. 작은 마을에 있는 교회답게 정겹고 아늑한 느낌의 월암교회에서 만난 노세환, 도미희님은 영락없는 시골 농부의 모습이었다.

두 사람은 노세환 장로가 37세, 도미희 목사가 33세 되던 해에 결혼했다. 노세환 장로는 대우중공업의 협력업체에서 철도와 관련한 인테리어 일을 했었고, 도미희 목사는 유한 킴벌리에 다니고 있었다. 신접살림을 월암에서 시작한 것은 아니라고 했다.

"뭐 결혼하고 나서는 저 수원 살다가 여기저기 살다가 2000년도에 왔어요. 그때는 교회가 없었으니까 여기 와서 교회 짓고 들어왔죠."(노세환)

엄마의 사랑을 먹고 자란 자손들

도미희 목사님 어머니는 기도원을 하면서 어려운 이웃들에게 밥 나눔을 많이 했다. 어머니가 돌아가셨을 때 온 동네 사람들이 와서 장례에 참여할 만큼 마을에서 인심이 좋은 편이었다.

"동네 사람들이 엄마가 돌아가셨는데 어떻게 교회장보다 동네장이 돼버렸어. 장례는 예배로 했지만, 상여로 해줬어. 왜냐하면 동네 사람이 이런 말해. '너희 엄마한테 밥 안 얻어먹은 사람이 한 사람도 없다'는 거야. '그래서 너무 고마워서 우리가 이렇게 와서 장례를 치러주는 거'라고. 너무 고맙더라고."(도미희)

어머니의 사진을 건네받아 고인이 되신 어머니를 사진으로 뵈었다. 작은 체구에 아담한 외모지만, 인자함이 풍기는 미소를 짓고 계셨다. 마을 사람들에게 거리낌 없이 밥을 지어 먹이던 분, 어려운 이들을 보면 그냥 지나치지 못하던 분, 열심히 기도원하며 기도로 자녀를 키우신 분, 손자들에게 각자 고유한 색깔로 사랑을 나눠주고 베풀어 주신 분, 목사님을 통해 들은 친정어머니는 그런 분이었다.

"다 다르게 사랑을 했는데 너무 좋아하는 거야, 애들이 할머니를. 방법은 다 달라. 누가 할머니 돌아가신 날 손자들이 울고불고 뺨 만지고 돌아가신 양반. 그런데 엄마가 그 사랑 기준이 다 다른데 다 좋아해. 친할머니를 좋아하는 게 아니라 외할머니를 좋아하는 거야. 그것도 신기하더라고요. 어떻게 저런 사랑을, 편견 없는 그 사랑이 진실함으로 보여줬다는 게 대단해."(도미희)

목사님은 어머니의 인품 덕에 월암교회가 세워질 때도 마을에서 큰 반대를 하지 않았던 것 같다고 했다. 어머니의 성품과 나눔의 정신을 장로님이 그대로 이어받은 것 같다고 하셨다. 이어 농부에게 빼놓을 수 없는 농사 이야기로 자연스레 이야기가 넘어갔다. 목사님이 조상대대로 물려받은 논과 땅이 있다고 들었기에 그 많은 농사를 어찌 짓는지 물었다.

"초창기에는 여기 농사짓는 집이 다 손으로 하고 수동으로 하는 게 있었어요. 그랬는데 중간에 이양기 그거 생기니까 이제 그거로 하지. 지금은 여기 동네분들, 기계 있으신 분들 오셔서 기계로 하지. 조규환도 있고 조태환도 있고, 두 분 다 이양기 있어요. 저기 해서 얼마씩 받아요. 1평에 얼마로 심어주는데 이렇게 가격이 매겨져 있어요. 벼 베는 데 얼마, 심는 데 얼마, 또 로타리 쳐주는 데 얼마. 다 가격이 정해져 있어요. 농사를 져서 3,500평 되는 걸 농사를 지어서 매년 저기 해서 우리 먹을 거 남으면 우리 먹고 남는 거 20kg짜리, 40kg 몇 개해서 60개 매년 부곡동사무소에 갖다 줬어요."(노세환)

1 교회앞 전경
2 교회 가건물(목양실, 성가대실)

이야기를 들어보면 암만해도 밑지는 장사다. 3,500평 농사를 혼자 할 수 없으니 마을사람들에게 평당 얼마씩 돈 주고 맡기고, 수확한 곡식도 어려운 이웃들에게 나누어 주기 위해 기부까지 하는 밑지는 농사를 지금껏 짓고 있는 이유는 무엇일까? 신앙의 힘일까? 나누고 베푸는 넉넉한 타고난 인심 탓일까? 노세환 장로님의 이야기를 들으며 불현듯 경주 최부잣집 이야기가 떠올랐다.

노인들의 터전이었던 월암양로원

월암에 들어와 교회를 지은 후 도미희 목사님이 목사 안수를 받았고 교회 옆에 신축한 건물은 교육관과 교회 식당으로 사용하다가 노인대상의 무료급식을 하기도 하며 노인교실을 열었다고 한다.

지금 기도원 건물이 양로원으로 쓰였는데, 많을 때는 27명의 노인이 머물렀다. 세월이 흘러 어르신들이 하나둘 돌아가시고 지방에서 형님이 하시던 양로원을 하나 더 운영하게 되면서 몇 분 안 남게 된 어르신들은 다른 시설로 보내드렸다고 했다.

"양로원은 지원금이 없어요. 요양원은 지원금이 있고. 요양원은 요양 등급이 있어요. 등급이 없는 사람은 요양원 못 들어가. 진짜 가야 할 사람이 요양원 못 가니까, 등급이 없어서 못 들어가니까 가는 데가 여기 같은 양로원이야. 그런데 사람들이 그걸 이해를 잘 못해. 여기 계시던 분들 자비로 오고 또 수급자들. 어떤 사람은 30만 원에도 와 있고. 어려운 사람들은 저기 해서 싸게 해주고. 교회 차원에서 한 거죠."(노세환)

그 이야기를 듣고 보니 여러 해 전, 산책하며 지나갈 때만 해도 잔디가 깔린 앞마당에 노인들이 삼삼오오 나와 있는 모습을 보았던 기억이 났다. 얼마 전 일인 것 같은데 세월이 참 빠르다. 양로원을 운영하면서 기억에 남는 일이 있는지 물었다.

"어른들이 대부분 양로원 오시는 분들은 일찍 혼자되었다든가 자기 주관대로 살던 분들이 자녀들하고 안 맞는 거예요. 그래서 양로원에 들어오는 거예요. 자기가 하던 거 반대하고 살다가 구속을 받으니까 못 사는 거야. 자식들하고. 혼자 사시다가 모든 게 여건이 안 좋으니까 들어오셨는데, 그게 마음대로 안 되니까 갈등도 많더라고요."(노세환)

추억을 소환해주는 월암썰매장

양로원 이야기를 들은 후, 월암 도롱마을의 명소 중 하나로 유명했던 썰매장에 관한 이야기를 여쭤봤다. 10년도 넘은 이야기지만 이웃 마을 아이들도 가족단위로 많이 찾던 곳이 썰매장이다. 교회 바로 앞에 있는 논두렁에 있었고 썰매도 제법 많이 갖추어져 있었던, 아이들의 겨울 놀이터였다.

"그때는 추워서 했는데 겨울에 요즘은 얼음이 안 얼어. 그것도 보통 힘든 게 아니에요. 사람들 가면 얼음 조각이 호스를 길게 연결해서 이렇게 쭉 끌면 쪼가리가 다 한쪽으로 몰리잖아요. 그러면 밤새도록 물 받아야 해요. 겨울에 추우면 굉장히 물이 증발이 많이 돼요. 그리고 막 찍힌 자리 같은 데 다 물 메워야 하니까. 보통 일이 아니에요. 힘들어요. 그때 썰매 100개 만들었어요, 내가."(노세환)

호스로 논에 물을 대고 꽁꽁 얼려 썰매장을 만드는 일부터 손수 나무로 썰매를 100개나 만들어 마을 아이들에게 제공하는 일은 모두 노세환 장로의 손을 거쳐야 가능한 일이었다. 보통 정성이 아니다. 월암교회 건물과 기도원 건물도 새로 지을 때 하나하나 관여해 직접 손을 보아 공들여 천천히 지었다고 했다. 인테리어 관련 일을 했다는 게 농이 아니란 게 증명되는 순간이다.

월암동의 자랑인 쉼터와 작은도서관

월암교회 앞에 있는 월암쉼터는 마을의 무더위 쉼터 같은 곳이다. 작은 공간이지만 쉼터의 기능을 하기에 꼭 필요한 것들, 있어야 할 것은 다 있다. 더위를 식힐 수 있는 에어컨과 손을 씻고 물을 사용 할 수 있는 개수대, 편히 쉴 수 있는 테이블과 의자를 비롯해 무료로 커피를 마실 수 있도록 종이컵과 인스턴트커피도 비치되어 있다. 마을과 어울려 살아가는 월암교회가 마을에 베푸는 섬김의 흔적이다.
월암교회 쉼터에서 이런저런 이야기를 나눈 후 교회와 기도원, 썰매장과 교회주변에 있는 작은 도서관에도 들러볼 수 있었다. '월암작은도서관'이란 공식 이름도 있는 교회 부설 작은도서관은 지금은 문이 굳게 닫혀 있지만, 과거의 영광을 보여주듯 제법 많은 책들이 서가에 채워져 있었다. 월암작은도서관의 전성기도 썰매장이 한창 전성기를 달릴 때와 같다고 했다.

"지금 안 쓰니까 닫혀있는데, 썰매장 할 때는 거기 책 보는 사람도 많았어요. 책이 한 6,000권 정도 있어요. 규모가 작으니까 시에서 1년에 100만 원 미만 사줘요. 우리가 필요한 책 목록을 적어주면. 여기는 천막 해서 여기에 천막 치고 썰매 났던 자리고. 지금은 신경 안 써서 그렇지 코스모스도 쫙 다 피었었는데."(노세환)

작은 도서관 문을 열고 들어가니 작은 공간 가득 책들이 즐비하다. 영화나 영상을 함께 볼 수 있는 큰 브라운관이 있고 의자가 있다. 도서관을 돌아 나오면 보이는 곳에 무성하게 피어있던 코스모스를 기억한다. 코스모스 군락이 예쁘다 했더니 역시 일부러 관리하고 싶었던 것이었다.

고향에서 목회 하시면서 마을주민 위해 쉼터도 만들어 개방하고, 작은 도서관도 만들어 개방하고, 겨울엔 썰매장도 만들어서 이웃들과 나눠 오셨는데 못해본 일이나 아쉬운 부분이 있으신지 여쭤보았다.

"그래서 내가 단 한 가지 못한 거는 전체 주민들 모여서 막 밥도 해주고 이거를 못 했어요. 못 했어. 그게 제일 아쉬운 부분 중의 하나야. 국수도 삶아주고. 좀 그거를 했으면 좋았을 걸. 항상 아쉬운 부분은 그거고 그래서 떡을 대신 날라주면 때 되면 왜 떡 안 주냐고 또 그래. 또 그래도 어쨌든 동네에서 뭐 한다 그러면 교회에 갖고 와. 먹으라고."(도미희)

도미희 목사님이 생각하는 도롱마을은 어떤 곳인지 궁금했다. 고향마을인 월암을 어떻게 기억하고 있는지 이야기 해달라고 했다.

사계절이 아름다운 마을

두 분이 생각하는 도롱마을은 어떤 곳인지 궁금했다. 월암을 어떻게 기억하고 있는지 이야기 해달라고 했다.

"어렸을 때 마을은 여기가, 냇가가 여기 있었잖아요. 거기서 빨래도 하고 목욕도 하고 그랬죠. 그리고 옛날에는 품앗이라 그러죠? 모 내는 거. 동네사람들이 다 모여서 새참 내가고 주전자에다 막걸리 심부름도 하고. 그런데 이게 차츰차츰 줄어들어서. 지금은 삭막하지만 그때는 어른들이 마음도 착했어. 어려우니까. 서로 나눠 먹고. 옛날에 이 동네가 또 유독 그랬어요. 다른 곳은 외지에서 사람이 들어와 살기 힘들잖아요. 텃세. 여기는 좀 그런 거 같지는 않아."(도미희)

많지 않은 사람들이 오랜 세월 함께 묶여 사는 마을이라 서로서로 잘 알기도 하고 그만큼 서로에게 나쁘게 행동할 수 없는 마을. 마을에서 전도하는 부분은 어땠을지도 궁금했다.

"진짜 유교 사상이 깊으니까. 대부분이 또 저기 해서 전도가 힘든 게 뭐냐 하면 자녀들이 타지로 나가고 노인 분들이 유교사상이 짙어서 종교를 안 바꾸기도 하고. 그런데 자녀들이 교회 다니면 우리 아들, 우리 딸이 교회 다니니까 나도 나가야 하겠다, 해서 나오는 사람들 있고 그래요."(노세환)

유교가 자리 잡은 마을, 장승을 깎아서 장승제를 지내고 산신제를 2년마다 지내는 마을, 그런 마을에 교회가 자리 잡아 마을사람들과 어울려 살아가고 있었다. 나눔과 사랑이 바탕이 되었기에 지금의 월암교회가 있었던 것은 부인할 수 없다.

1 월암썰매장
2 월암쉼터
3 월암작은도서관

우리가 도롱마을에서 살았어요

마을집, 열다섯

母
김회숙

子
이갑리
도갑수

내 고향은 팔탄면 구장리
여기는 내 신랑 고향
도씨네 아낙으로 살아온 시절

작은 체구에 불편한 다리로 낯선 이를 맞아주신 김회숙 할머니는 95세라는 나이가 믿기지 않을 만큼 대단한 기억력과 총기를 가진 분이다. 100년 가까운 보물과도 같은 인생 이야기를 들어 보려 한다.

할머니 고향은 화성시 팔탄면 구장리. 경주 김씨 집안으로 회장님 노릇을 해서 김회장이라 불렸던 할아버지와 여자의 도리를 제대로 가르치던 할머니가 계시던 곳. 가난했지만 제법 번듯한 양반집의 막내딸로 태어났다. '회숙'이란 이름은 할아버지가 지어주셨다.

너도 배우고 싶으냐

할머니는 어린 시절, 딸이라 학교도 못 가고 집안일을 하면서 못 배운 한이 있어서인지 일하면서 귀동냥으로 배웠던 '천자문'이며 '동몽선습' 등을 아직도 줄줄이 외우고 계셨다.

"내가 그랬어. '다른 사람 책도 보는데 나만 모르니 나는 멍청 바보 아녀.' 그랬더니. 우리 삼촌이 '그럼 너도 배우고 싶으냐?', '그럼 나는 사람 아니어?' 그랬더니 기역 니은 디귿 리을 그걸 써줬어. 그리고 기역 자에 다가 한번 긋고 '갸'자고 두 번은 '갸'자고 또 이렇게 고자에다 그으면 '교'자고 바깥으로 하면 '규'자고 그렇게 했어."

한문 글방선생 하셨다는 작은 아버지와 할아버지 할머니의 관심으로 글을 배우게 된다.

"우리 친정 엄니 몰래 배운 거여. 나 할머니방에서 자랐거든. 할아버지 계신데. 사랑방에 창이 있어. 우리 엄니가 '사랑방에 불 켰어? 불 꺼라 그러라우.' 우리 친정 할머니가 그랬어. '쟤가 그렇게 배우고 싶어 하는데.' 할아버지가 창에 양쪽으로 못을 하나씩 박아줘. 그러면 '꺼먼 치마를 거기다 걸면 안 비치지 않으냐.' 그렇게 몰래 배운 거라니까. 엄니 무서워서."

"근데 또 우리 엄니 나무랄 수도 없어. 옛날에 석유가 있어? 왜정시대에. 그러니까 들기름 짜가지고, 비벼 먹는 거, 실을 이케 길게 해서 솜 비셔서 그걸 심지에 넣고 저런 접시에 담고. 그걸 먹어야지, 그러니까 불 끄라 할 수도 있지."

그 뒤로 네 살 아래 남동생이 한문 배울 때 같이 천자문을 배우게 된다. 9살에 공부한 게 지금도 기억난다.

"내 밑으로 동생이 있는데 다섯 살 부터 한문 가르켜. 나는 바느질이나 하고 안 갈켜. 저는 다섯 살부터 배우는데 나는 아홉 살인데. 누난 안 시키고 나만 시키니까 싫증난다 말이여. 우리 할아버지가 '너 걔가 하는 대로 같이 해라.' 그랬어. 걔가 하늘 천, 나도 하늘 천. 그렇게 해서 익은 게 지끔도."

청산리 벽계수 시조 읊으시며 천자문과 삼강오륜, 그리고 삼국지도 줄줄줄 외우셔서 듣는 내내 감탄했다. 할머니가 학교를 다니고 조금만 더 배우셨더라면 크게 되셨겠다는 생각에 큰 아쉬움이 들었다.

이제는 눈이 어두워 책을 못 보지만, 겨울에는 농사일 없을 때 자식들이 『태백산맥』, 『한강』 전집 사드리면 겨우내 두 번씩 세 번씩 읽곤 했다.

일제강점기, 얼떨결에 시집오니 눈물 나서

일제강점기, 간호사로 데려간다고 처녀를 공출해가던 시절. 19살 먹은 막내딸을 타국에 보내기 싫어서 서둘러 여기저기 혼처를 구했고, 그렇게 도씨 집안으로 급히 시집을 왔다.

"일본 시대에 여자 공출한다고 거기 가라고 그래서 시집온 거야. 그때 난 초등학교도 못 배웠어요. 학교 방학하잖아. 여름방학할 때 학교 빌 때 나오라 해서 갔어요. 일본 말로 그땐 했잖아. 이름 석 자 적었어. 이름 적었다고 조사 나온대. 우리 친정어머니가 막내딸 거기 가면 언제 볼 줄 모르지 그래서, 우리 어머니가 '쌀 같으면 보따리에 싸서 독에다 감추지 어따 감추나, 어떻게 하냐.'고 쩔쩔매다, 시집보낸다고 호적초본 뗐으니 우리 삼촌이 내 신랑 본다고 그래서. 신랑을 별안간 찾으니까 어디 있어? 동갑네를 해서 도씨네로 급살로 보낸 거여."

시집올 때 도씨 집안에서 보낸 가마를 타고 왔다. 얼떨결에 시집오니 눈물 나서 가마타고 오면서 울었다. 옆에 가마 메는 하인이 '화장 지워져요. 울지 마쇼' 하고 달래도 눈물이 났다. 그렇게 친척 소개로 얼굴도 안 보고 부부의 연을 맺게 되었다.

도씨네 아낙으로 살다

친정에서는 집안일같이 거들고, 친정 올케가 모라란 부분이 있어 목욕도 시켜주고 돌봐주고, 시집와서 시어머니 여든 넘어까지 봉양하면서 아들딸 낳고 살았다. 그 시절 여자들의 삶이 그러하듯 시집살이와 구박을 일삼는 시어머니와 무섭고 무정한 남편 사이에서도 5남 2녀가 태어났는데 첫딸은 일찍 잃고 말았다. 아들 다섯 광수, 덕수, 갑수, 남수, 운수, 그리고 막내딸 옥수. 이렇게 여섯 자녀를 출가시켰다.
먹고살기 힘든 보릿고개도 겪으며 농사지어 내다 팔며 그렇게 자식들 가르치고, 자식들 커가는 모습을 보며 살았다.

"시장은 안양시장, 인천시장 갔지. 시골 사니까 감자 따고 토마토 따고 그런 걸 해다 팔았지. 서울도 가면 '어서 옵쇼.' 잘 사요. 인천도 가고. 인천은 왜 가느냐면 남들이 도토리묵 장사한다 해서. 도토리묵 한 말 해가지고 얼마 남는다 해서. 나도 해본다고 수원장에 가보니까 도토리가 많더라고. 그때는 2,500원이여. 2,500원 하면 그 사람들은 60개 얼마씩 땐댜. 60개 100원씩만 해도 얼마여? 6천 원이지. 2,500원 가지고 이득남지. 남들은 다 한다고 해서 나도 해본다고 해봤어."

옛이야기를 들려주며, 김회숙 할머니와 아들 도갑수님

처음 해보는 장사라 수완이 없었다. 도토리묵을 사가는 사람이 없어 못 팔다가 도매상인한테 간신히 넘겼다. 그 후로 여러 번 도토리묵 장사를 했다.

"내가 없는 집에 시집왔다 했잖아. 그릇이 뭐가 있어? 사발에도 푸고, 주발에도 푸고, 대접에도 푸고 그랬더니 40개도 못 펐어. 그래 처음 갔더니 도토리묵 보니까 큰 건 크고 작은 건 작고. 저울에 달아 보니까 '당신 이거 근량은 똑같은데? 대충 엎었는데 어떻게 이렇게 똑같아?' 하나 떼어 먹어 보더니 '물은 되서 쫀득쫀득한 게 맛은 있네.' 하더니 다 산대. 값은 주는 대로 받았지. 그때 얼만지도 모르고, 간신히 본전 했어."

새마을운동쯤엔 적금을 넣어라 해서 한 달에 천 원을 넣었다. 1년이면 12,000원. 천 원 하니 얼마 안 되서 이천 원, 삼천 원으로 늘렸다. 3년 모아서 남편 두루마리 하려고 섣달그믐에 적금을 탔다. 그렇게 살림을 꾸려왔다.

할머니가 들려주는 옛날이야기

〈이 동네에 꼬리 긴 여우가 살았어〉

시집와서 처음 살았던 집이 회화나무 아래 오막집이다. 시어머니 안방 쓰고 할머니는 건너방 쓰고 살았다. 건너마을에 도씨가 많은데, 최씨 집안에서 도씨네로 시집온 분이 있으셔서 최서방 동네에 집이 있다고 한다. 회화나무에서 뱀과 여우 본 이야기를 들려 주셨다.

할머니가 여우 보셨다고 아드님이 알려주셔서 귀가 어두운 할머니께 여러 번 여쭤 본다.

"내가 여우라고?"
"아니요 어흥, 짐승이요. 보셨어요?"
반갑게도 열 번 넘게 여쭙고서야 여우 이야기를 들을 수 있었다.

"나 시집올 때 보니까 회화나무뿌리 이렇게 나왔어. 물이 덜덜덜덜 내려가고 그랬어요. 여기 때워서 그렇지 이렇게 구멍이 뚫렸어요. 그런 데서 뱀도 나오고. '오, 뱀이다.' 그러면 그 밑창이 십이니까 뱀이 나오는 걸 가지고 무슨 도깨비가 나오나 그러고. 여기 시집오니까 고목나무 밑이라 무서워서 잠을 못 잤어. (……) 난 친정에 산 밑에 살 때 여우 못 봤는데. 요기 회화나무 밑으로 디딜방앗간 있었는데. '저기 여우 좀 봐.' 그래. '어디 있어?', '산으로 갔는데.' 여우가 꽁지가 길다랗게 (있어.) '저게 여우어?', '저기 여우지 뭐여.' 여우라고 그러더라구. 근데 시엄니가 저녁에 '여우 짓는 소리 좀 봐. 무서워요. 난 들어갈 거예요.' 그러니까 '여기까지 들어 오냐.' 그래. 캥~캥~ 짖어."

마을이 깊은 산중에 있어서일까? 꼬리 긴 여우가 있었다니 신기할 따름이다.

〈이고 지고 업고 피난갔지〉

6.25 전쟁 나서는 동짓달에 큰아들 광수 업고, 12살 된 막내 시동생 데리고 친정 올케네 집으로 피란 갔다. 할머니는 머리에는 쌀 한 말 이고, 젖먹이는 등에 업고, 시동생은 이불을 지고 그렇게 갔다.

"전쟁할 적에 탱크 왔다 갔다 할 적에. 우리 친정 올케하고 우리 친정으로 피란 갔어. 무서워서 혼났어. 친정올케가 또 저 친정으로 간다 그래서 거기까지 갔지 뭐여. (……) 우리 막내 시동생이 12살인가 11살인가 4학년인가 3학년. 이불을 져가지고 갔어. 난 쌀 한 말을 이고 우리 큰 아들을 엎고"

그 난리에도 올케네 친정집 가서 빨래도 삶아 입었다. 군인이 올케네 집에 들이닥치는 바람에 다시 물어물어 같은 동네에 봄에 시집온 친정조카딸 집을 찾아갔다. 아이는 업고 시동생 챙겨가며 살림살이는 이고 지고 가는 터라 가는 길이 쉽지 않았다.

"우리 작은 아부지 딸, 우리 사촌이 개미굴로 시집갔어, 그 봄에. 겨울에 난리 났지만. '발안서 봄에 새로 시집온 사람 있죠?' 그랬더니 있대. '저기 들어가면 있다.'고 그랬어. 들어가니 안방 건넛방밖에 없어. 화장실 있고 소하나 먹이고. 우리 올케는 어디 갔는지 안 들어 왔어. 나만 거기 찾아갔지. '이집이 천신만고 끝에 찾아왔는데 주인이 있는지 모르겠네.' 그랬더니. 우리 사촌이 '누구세요?', '우리 사촌 언니가 어떻게 왔대?' 그러길래 내가 '아쉬우니까 동상을 찾아왔지 오것어? 난리가 한참 났어, 거기."

길어 엇갈린 친정 올케하고는 천신만고 끝에 사촌 집에서 다시 만나게 된다. 또 남편은 왜정시대를 겪고 6.25도 겪으면서 군대를 서너 번은 다녀왔다고 한다.

〈동네마다 만신이 있었지〉

옛날에는 동네마다 만신이 있었다. 여느 마을과 마찬가지로 도룡마을에도 서낭당도 있고 만신이 있었다.

"내림굿은 정태네지. 삼리 무당 따로 있고 그랬어. 정태 엄마 내림굿 한 이가 누구냐면 서둔 할망씨 거기가 내림굿 해줬어. 우리 시어머니한테 들었어. 서둔무당 잘한다고. 정태 친정어 머니가 도씨네여. 그전에 산골 살았어. 도씨네 무당이여. (……) 샘물 있었어. 거기 이름이 '찬우물'. 샘물 내려오는데 거기로 내려오면 우리 서낭당 밑에 밭 하나 있거든. 그 샘물이 줄 줄줄 내려오고 그랬어."

지는 게 이기는 거라

해방되고 마을에도 농지개혁이 있었다. 서씨네가 왜정시대 땅이 많아 부자였는데, 집안에서 부녀회장도 보고 그랬다고 한다. 농지개혁하면서 최서방네에서 서류를 봤으니까 보통 좋은 땅 그러면 최서방네가 마을 복판에 갖고, 도 씨네는 감나무골 구석으로 땅을 받게 되었다. 지금 사는 집이 세 번째로 지은 집이고, 벽에 걸린 결혼 60주년 기념사진을 가리키며 두 번째 지은 집에서 찍은 거라고 하신다.

"저거 두 번째 지은 집인데 괜찮어. 행랑에 방 둘 있고 안채에 방 셋 있고. 근데 이리로 길이 나니까, 그전엔 사람만 댕겼지만, 길이 나니까 시에서 길을 내 노래니까 어떡하겠어. 텃밭 있고, 텃밭 밑에 깊은 데 있어. 고구마 세 가마씩 삼천 개씩 따서 갖다 팔고 그랬어. 그래서 그 거 있고. 그 밑에 또 논다랑 있어. 개울 물 퍼서 모내고. 그런 터가 있으니까 그걸 다 뺏기고. 안채, 행랑채가 다 들어가니까 우리 터가 있잖아. 뒤는 우리 터니까. 올라앉아라, 그래서 올 라앉으니까. 세 번째 집이여, 이 집이."

달바위 식당 건물이 지어지기까지 원치 않게 땅을 내줘야 했던 가족들이 맘고생을 많이 했으 리라.
지는 게 이기는 거라는 마음으로 가정을 지켜 오셨다는 할머니. 시집가면 그 집 귀신이 되어 야 하고 일부종사해야 한다는 친정 할머니의 가르침을 평생의 사명처럼 마음에 새기고 살았 다. 지금 시각으로 보면 너무 억울하고, 또 마음 아픈 우리 할머니들의 삶의 표본이시기에 숙 연함과 함께 안쓰러움이 교차했다.
두 시간 넘는 내내 쉼 없이 이야기보따리를 풀어놓은 할머니의 맛깔 나는 옛이야기를 채 다 듣지 못했다. 100년 가까운 인생을 살며 우리 역사의 산증인으로 이야기 들려주신 김회숙 어 르신께 고마운 마음을 전한다.

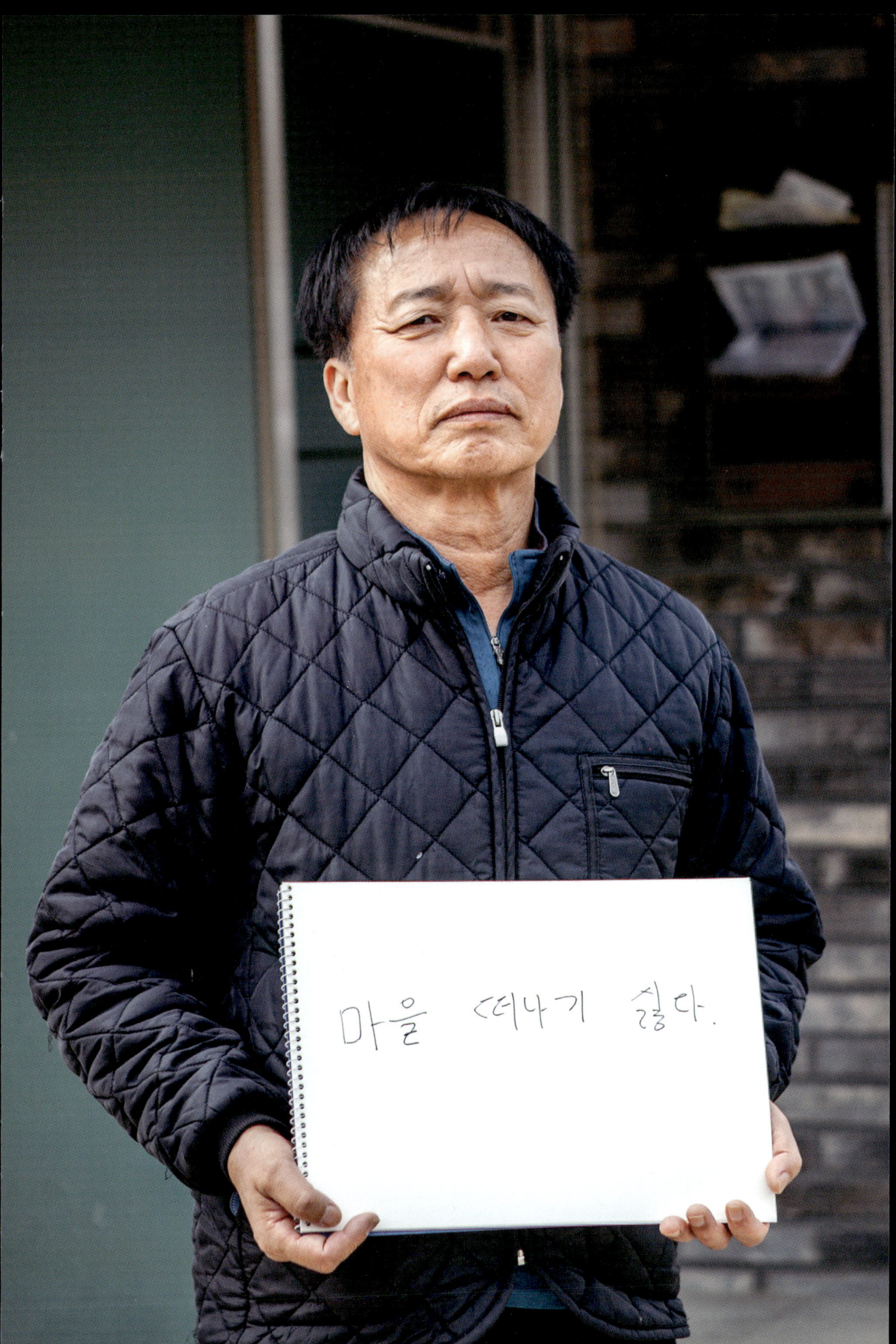

우리가 도롱마을에서 살았어요

마을집, 열여섯

母

김
정
준

마을에서 농사짓고 장사한 37년 세월
내 힘에 닿는 대로 하고 살았어

월암에 있는 농장에서 김정준 어르신과 아들내외를 만났던 날. 온 가족이 분주하게 작업에 한창이었다. 연로한 연세에도 아들내외에 뒤지지 않게 민첩한 손놀림으로 과일에 봉지를 씌우던 김정준 어르신께서 방문객을 반갑게 맞아주셨다.

김정준 어르신은 경기도 광주 오포읍에서 12형제 중 둘째로 태어났다. 친정 부모님은 자식을 12명 낳았다. 형제가 많았지만, 아들 하나에 딸 셋만 남고 모두 어린 시절 세상을 떠났다고 한다. 친정 부모님은 오포에서도 알아주는 부자로 정미소를 운영하셨고, 어르신은 둘째로 태어났지만, 큰아들 못지않게 아버님의 정미소 일을 잘 거들었고, 집안일도 잘했다.

방앗간집 둘째 아들이라 불리다

일도 잘하고 생활력도 강해서 방앗간집 둘째 아들이라 불릴 만큼 일복이 많았던 김정준 어르신. 여기저기서 며느리 삼으려 탐을 낼만한 분이었는데 어떻게 도룡마을로 시집을 오게 됐는지 궁금했다.

"신랑의 누나가 우리 동네로 시집을 왔어. 시집을 왔는데 이렇게 옆에 우물을 한 우물로 터놓고 그 한 우물을 쓰고 그렇게 지냈어. 팔촌 간이야 팔촌. 팔촌 올케야. 팔촌 올케가 친정 동생을 나를 댄 거지. 우리 시누가 거기 시집을 와서 나를 중신을 한 거야. 그래서 나 살림하는 거 거기서도 방아도 찧고 농사 이런 거 다 했거든. 내가 방앗간 집 둘째 아들이라 그랬지, 딸이라는 소리들 안 했거든."

어르신 친정아버지가 방앗간을 할 때만 해도 기계가 다 수동이었다고 한다.

"우리 아버지는 정미소 하니까 방앗간에서 우리 아버지가 어디 가는 날은 내가 방앗간에서 이거 기계 돌려서, 옛날에는 이렇게 돌려서 방아를 터트려서 돌리거든. 그거 보통 사람은 못 돌려. 이거 돌리면 확 터지면 확 넣으면 손 다치고 그랬는데 내가 하고 그랬어."

일 잘하는 아들 같은 딸이라 누구나 탐내던 며느릿감이었다. 비 오면 삽 들고 나가 물길을 손수 내기도 했고, 열매 같은 거 따다가 시장에 내다 팔기도 하고, 억척스럽고 야무져서 일 잘하기로 소문난 덕분에 여기저기서 많이 탐내던 색시감이었다.

월암으로 시집오다

중매로 시집을 오고 나서도 일복은 줄지 않았다. 시집올 때 남편은 군인으로 가있었고, 시어머니와 함께 하는 시집살이가 수월하지만은 않았다.

"친정에서 여기 시집 와서, 친정을 3년이 넘어서야 우리 부모 환갑 저녁 때 가본 사람이야. 여태까지 이 집에 시집 와서, 처음 밭에 나가서 매니까 시어머니가 뭐라 그래. '나는 우리 아들 며느리라 버선 시켜서 안에서만 굴리려고 그랬더니 지가 나가서 저렇게 하니까 나는 일은 못 하고 할 수 없다.' 그래서 그때부터 시집온 지 3일째부터 나가서 일한 게 이날 이때까지 이렇게 살았어."

시집을 왔을 때 시조카가 있었다고 한다. 신랑 형님이 일찍 돌아가시고 유복자를 낳아 두고 아이 엄마가 떠나서 어린 시조카를 자식처럼 길렀다. 초등학교 2학년부터 대학교까지 키우고 공부를 가르쳐서 결혼까지 시켰다. 당신 자식들 공부는 많이 못 가르쳤어도 그 시조카는 열심히 일해서 공부도 가르치고 반듯하게 길렀다. 조카는 대학을 졸업하고 교사로 취직해서 직장을 다니다가 얼마 전에 정년퇴직을 했다고 한다.

"나는 여기 근방에서 그거 하나 꾸짖음 안 하고 쥐어박지도 않고 그랬다고, 걔는. 생일에 팥떡을 12살까지 해줬어, 백설기하고. 내 새끼는 안 해줬어도. 그렇게 길렀어, 이놈을. 그 애 친구들은 다 죽었지만, 그 애 친구들이 오면 생일날 해주잖아. 생일날 불러서 먹이고 그랬는데, 그렇게 자기 집에들 가서 얘기했는지, 나를 만나면 그 애들 부모가 그러는 거야. 그렇게 조카한테 잘한다고."

가난에는 부지런함만이 살아갈 힘이었다

결혼 전부터 남다른 생활력으로 살림을 맡아온 김정준 어르신은 결혼 이후 지금까지도 남에게 뒤처지는 게 싫다고 말씀하신다. 남들이 일하는 건 맘에 안 차고, 남보다 몇 배는 더 열심히 일 하는 게 평생 몸에 익숙해서 이제는 80이 넘은 노인이 되어 자식들이 만류를 하는데도 아직도 이렇게 손에서 일을 놓지 못하고 계신다.

"언제나 내 정신은 남의 머리 꼭대기에 올라앉아 살아야겠다는 그런 정신을 이날 이때까지. 나는 돈이 있어도 그거를 안 쓰고, 여태까지 그런 습관을 가졌어. 지금은 먹는 거, 옷이고 우리 며느리가 다 해주는데도 내 힘에 닿는 대로 일해서 먹고 살아."

이제 여든을 넘긴 연세이니 건강이 염려되어 자식들이 일을 하지 말라고 말려도, 김정준 어르신은 평생 일을 하며 살아온 인생이어서인지 쉽게 손에서 일을 놓지 못하시는 듯했다. 그 모습이 보는 이에게도 마음 짠하게 다가온다.

"엊그제 나, 창피스러운 소리지만, 저런 야채를 심어서, 많잖아. 못 다 팔아서, 못 다 먹어서 그걸 팔러 아들 며느리가 못하게 하는데 둘이 어디 간 김에 몰래 해서 리어카 있잖아. 거기에 싣고 가서 파는데, 여기서 끌고 가지. 그러다 북문까지 갔어. '여기, 아차! 우리 집이 어떻게 됐다.' 방향을 해야 하는데 방향이 도대체 안 나는 거야. 그래서 모른다니까 어떤 아줌마에게 물어봤더니 그 아줌마가 '아들 전화 있으세요?' 그래서 있다 그랬더니 아들을 전화를 바꿔주는 거야. 그래서 아들 며느리가 찾아와서 보니까 실종된 줄 알고 신고해서 경찰서까지 다 갔었어."

젊은 때 마음으로 집을 나서 장사를 하러 갔다가 잠깐 사이에 낯선 동네까지 너무 멀리 가버려서 결국 경찰의 도움으로 집에 왔다고 얘기하시며, 멋쩍게 웃으신다.

6남매를 키우기 위해서 장사를 시작했다

홀시어머니를 모신 외아들에게 시집와서 가난한 살림에 조카까지 거두며 당신 자식 6남매를 먹여가며 키우며 살려고 하니 그렇잖아도 강한 생활력이 더 강해질 수밖에 없었고 손에서 일을 놓을 수가 없는 상황이었다.
6남매를 낳고 키우며, 아이를 낳고도 해산 할머니가 뒷바라지 해주고 가는 3일 후부터는 스스로 살림이며 농사일을 다시 해야 했던 시절이었다.

"와서 보니까 동네가 나라에서 땅 몇 마지기씩 몇 평씩 잘라서 줘서 농사를 지어서 벼로 몇 가마씩 많이 붙는 사람은 얼른 끝나고 적게 붙는 사람은 7년씩 부었어. 그렇게 자기 땅으로 만들어 가는 거. 그런데 우리는 죽 쒀먹고, 아침이면 고구마밥 해먹고, 저녁이면 밀가루 장국을 대야로 하나씩 해놓으면 우리 애들이 얼마나 잘 먹는지 대야로 하나씩 해놓으면 먹고 퍼다 먹고. 땅 하나도 없는 거 내가 가서 다 일해서, 그렇게 해서 지금 내 땅을 이렇게 만들었어. 갖은 고생 다 했어. 이렇게 해서 내가 지금 큰소리하고 사는 거야."

그 고된 세월의 무게를 어찌 다 가늠할 수 있으랴마는, 그 시절 어르신의 수고로움이 자식을 키우고, 또 세상을 먹여 살린 게 아닐까 싶었다.

장사로 37년을 살았다

농사를 지어 작물을 많이 수확하면 주로 어디에 내다 파셨는지 물으니 안양 남부시장 도매상에게 내다 팔았다고도 하고, 머리에 이고지고 리어카에 끌고 수원 율전동 등에 다니며 팔았다고 하셨다.

"안양 남부시장에 거기 도매상이 있어. 역전을 나가려면 큰 거 그거 사람들한테 해 달래서 이고 부곡 역전에서. 그때는 지금으로 치면 특급 차야. 완행열차가 있어서 그때 그걸 타고 갔어. 그러면 역전에 가면 네가 나가리 내가 나가리 그냥 서로 못 나가게 하고, 표 세금 내라 그러니까 얼른 나가려고 서로 그냥 나래비시고 뛰어가."

1 집대문앞에서
2 일하다 쉬고, 밥도 먹는 농막
3 김정준님의 복숭아밭

그렇게 남부시장에 가져가 소매로 자리 잡고 앉아서 팔기도 했고, 수원 율전 넘어 골목골목을 다니며 가게로도 다니고 동네마다 다니며 필요한 사람들에게 채소를 팔고 했다. 오랜 시간, 몇십 년을 다니니 단골들이 생겼고, 이제는 안 보이니 걱정하고 염려하는 단골들이 많다고 하신다.

배추, 호박, 토마토, 참외, 열무, 무, 고추 등 농사지어 나오는 수확물은 가리지 않고 가족들이 먹고 남은 건 모조리 내다가 팔았다. 가지고 나가서 팔면 어떤 날은 5~6만 원 수익이 생기고 어떤 날은 많이 팔리면 12만 원도 벌고 그랬다고. 하루에 세 번씩 율전에 나가 판 적도 있다고 했다. 농사지어 장사한 게 37년이 넘었다고 하니, 그 세월 동안 키워서 수확해 팔아온 채소만도 어마어마할 듯하다.

어떤 일에도 열정적으로 임하는 어르신

이제는 옛날처럼 먹고 살기 힘든 시기도 아니고, 자식들도 다 컸고 어르신도 나이가 많으니 쉬엄쉬엄 할만도 하지만, 아직도 새벽5시~6시면 일어나서 일할 채비를 하시는 김정준 어르신. 그래도 70 넘어서부터는 노인대학을 다니며 하고 싶었던 공부도 배우고 계시다고 한다. 수원에서 노인대학을 두 곳이나 다녀서 졸업을 3~4번이나 하셨다고. 장구, 서예, 노래, 춤 등 다양한 것을 열심히 배우다가 코로나 때문에 요즘 조금 쉬고 계시다고 했다. 농사뿐 아니라 모든 일에 열정을 다하시는 분이구나 싶었다.

일평생 살면서 가장 힘들고 속상했던 게 언제냐고 여쭤봤다. 워낙 고생도 많으시고 어려운 시절을 견디며 살아오셨지만 그래도 기억에 남는 건 무엇이었을까 궁금했다.

"나 장사 가려면 애들이 쑥을 뜯어와. 우리 딸이. 그러면 그걸 와서 삶아서 밤새도록 우려서 아침이면 그걸 매달아놓고 해서 개떡해서 가마솥에 하나 쪄놓고 나가면 애들이 이만큼 해놓고 가면 쥐가 물어가듯이 다 꺼내다 먹어. 아침이면 6남매가 손을 내밀어, 돈 달라고. 그래서 돈을 여섯을 다 주는 게 모자라잖아. 그러면 우리 막내둥이가 동네를 헐고 고개 와서 울고 학교도 안 가고 그저 가라고 쫓아가면 내가 집에 가면 또 쫓아오고 이렇게 속을 썩였어. 그렇게 살았어."

남편이었던 할아버지 자랑 좀 해달라고 했더니 남편은 자랑할 게 없다고 하신다. 외아들이라 일을 할 줄 몰랐던 남편이었다고. 고생만 시켰던 할아버지는 67세에 돌아가셨다고 했다. 마을에서 친하게 지냈던 이들이 다들 돌아가셨고 강옥란 어르신 한 분이 살아 계시는데, 이제는 두 분이 같이 가끔씩 놀러도 다니곤 하신다고.

"장사하러 가면 단골들은 음료수도 주고 미숫가루도 타주고 찬물도 주고 꿀물 주는 이도 있고 아는 이가 많아. 그런데 내 성격에 내 건 팔면서 어떻게 그런 건 얻어먹어. 그래서 상추 한 봉지 건네면, 아니라고 도로 줘. 아니야, 하면서 오고 가는 거야. 상추 좀 줬어."

오랜 단골들이 있고, 다니면서 장사하면 사주는 이들이 있었던 그 시절이 그래도 좋았다고 하시는 김정준 어르신. 지금은 유통구조가 바뀌고 마트가 생기면서 손님을 찾아보기 힘들어졌다. 세월이 그만큼 흘렀고 많은 게 변했다. 한참 장사 다닐 때는 끼니 거르기도 밥 먹듯 했다고. 장사가 안 되면 속상해서 밥도 안 먹고 싶었다고 한다.

"배도 안 고파. 그렇게 몇십 년을 다녀도 참 내 목구멍에 뭐 사 먹어본 게 없어, 나는. 여태까지 나를 위해서 사 먹은 게 없어. 하다못해 아이스크림 하나 사 먹은 게 없이 이렇게 다니고 내가 끓여간 거, 그거는 다 팔고 오다가 오다가 그때서 먹는 거야. 배가 고파도 안 먹어. 먹을 맛이 안 나는데, 안 팔리면. 기분 나빠서 먹을 수가 없어."

당제 안 한다고 한 게 후회가 막심해

마을에서 함께했던 일들 이야기 좀 들려달라고 부탁드렸더니 당제 이야기를 해주셨다. 워낙 바쁘게 장사를 다니시느라 당제에 적극적으로 참여를 못하셨는데 두 번인가 순서가 돌아온 걸 사정이 안돼서 거절하셨더니 그게 후회된다고 하신다.

"장사한다고. 그래서 그거 지내라고 나한테 몫이 왔는데 두 번을 거절을 했다고. 그랬더니 좋은 일이 안 닥쳐서 후회가 막심했지. 우리 시어머니 때는 했지. 그런데 내 대는 내가 안 했어. 하고 싶지를 않고, 할 새도 없고. 그런데 또 한 번 하라고 들어왔어. 그래서 안 했어. 내밀었어. 그랬더니 그 해에 우리 영감이 죽더라고. 그래서 그게 후회가 나더라고. 후회가 막심해."

당제가 언제부터 시작된 건지 내력을 혹시 아시냐고 여쭈어 보았다.

"우리 큰집에서. 옛날에 그렇게 해서 호랑이 내려오고. 최 서방네가 사람이 자꾸 죽고 안 되니까 그러니까 그런 의식을 했었는데 지금은 다 허사야. 도깨비가 내려와서 그렇게 해서 우리 큰집에 사람이 많이 없어졌대. 그래서 솥뚜껑을 솥 안에 집어넣고 우리 큰집에 산제사를 따로 지내는 거야. 사람 금지해놓고 오지 말라고 이렇게 대문간에 해 놓고 2월 초 하루날 이면 꼭 했었는데. 지금은 안 해."

그리고 옛날에는 나무를 해다 불을 땠기 때문에 산에 나무를 하러 가면 산을 지키는 산지기가 있었다는 얘기도 해주셨다.

"나무를 하려면 솔개비 해서 여기저기 긁어서 그거 해서 이고 와서 불 때고, 그렇게 하고 나무 하나 자르면 산감이라고 산 도우는 사람 있어요, 나무 지키러 다니는. 이건 너희 산이니까 너희가 지켜가며 해다 때라. 이러고 뒤로는 개울이 있으니까 산이 무너지잖아. 사방공사를 해서 무너진 거 때우는 그거 지금도 있을 거예요. 그런 거 하고 많이 그랬지. 고생 많이 했지. 늙은이들, 죽은 이들, 고생 많이 했어."

부곡 역전에 지금의 관악식당 쪽에, 옛날에는 별에 별 거 다 파는 가게가 있었다는 얘기도 해주셨다. 모모다루라고 불렸던 가게였는데 처음에는 그 가게 하나였다가 점점 하나둘 가게가 생겨났다고 했다. 약국도 생기고.

"일본 말로 모모다루. 이름은 난 몰라. 그런데 뭐, 이런 거 나면 거기 갖다 놓고, 그렇지 않으면 팔러 가고. 관악식당 거기야, 그 자리."

김정준 어르신의 이야기를 시간 가는 줄 모르고 듣다보니 점심시간이 지났다. 결혼 전 이야기, 결혼 후 이야기, 장사하며 자식 키워온 이야기, 마을이야기 등 어르신의 재미난 옛이야기는 쉼 없이 계속됐다. 그 안에 한 사람의 인생사가 있고, 그 속에 지나간 도롱마을의 역사가 있고, 한 시대의 역사가 있었다.
마을에 살던 이웃도 세월이 흘러 하나둘, 세상을 떠났다. 오래오래 살려고 감리사 아들이 고생해서 멋지게 새로 지은 집도 몇 년 못살고 아쉽지만 개발과 함께 사라질 예정이다. 사라지는 것들이 모두 그러하듯, 그저 아쉬움이 남는다는 김정준 어르신, 부디 건강하시길 빌고 빌어본다.

아들 부부와 함께

우리가 도롱마을에서 살았어요

마을집, 열일곱

子

김선숙
최건진

어머니가 며칠 밤을 못 주무셨어요
평생을 살았던 집이니까

최건진 어르신은 1956년 도룡마을에서 아버지 최귀화와 어머니 김정준의 4남 2녀 중 장남으로 태어났다. 부곡초등학교와 수원의 중학교를 거쳐 안양공고를 졸업했다. 19살 젊은 나이에 삼성에 입사하여 20년 근무하고 지금까지 건축 감리로 일하고 있다. 스물여섯에 아내를 만나 어려운 살림에서 시작해 부지런히 가정을 꾸려 왔고 딸은 출가하고 아들과 어머니(김정준 84세)와 함께 산다.

직장이 아무리 멀어도 틈 날 때마다 농사지었어요

최건진 부부를 6월 초여름 밭에서 일하는 중에 만났다. 삼일 전 도룡마을을 떠나 고천으로 이사한 터라 빈집에 앉아 이야기를 나눴다.

"옛날에 우리 어려서는 배고픈 시절이었어요. 지금이야 양수기가 있지만, 예전엔 그런 게 없었으니까 전부 사람 손으로 했어요. 고노두레라고 둘이서 물 푸는 거 있어요. 학교 가기 전에 아침에 일어나자마자 물 푸고 갔어요. 동네에 논마다 거의 두 개에 하나씩은 웅덩이가 다 있었어요. 천수답이라 가뭄에는 비가 안 오니까 작대기로 이렇게 뚫어서 모를 하나씩 했고, 호미로 밭에 작모 심듯이 호미모로 냈어요."

어려서부터 부모님을 도와 몸에 익힌 농사일은 성인이 되어서도 자연스레 이어졌다. 교대근무를 하면서 평일에도 틈틈이 농사를 지었다.

"직장이 부산, 울산, 경주, 전주, 대전 이런 데 있으면서도 농사를 다 지었어요. 아침이면 새벽에 해뜨기 전에 일어나고 밤에 해가 져서 깜깜해야만 들어오는 거예요."

옆에 조용히 앉아 있던 아내가 분가해서 살던 신혼 시절 이야기를 보탠다.

"신혼 때도 주말마다 아기 업고 토요일 날 와서 일했어요. 그때는 차가 없었어요. 전철 타고 다녔죠. 수원에서 오니까 성대역에 내려 걸어왔어요. 어려운 시절이었으니까 일을 많이 했어요. 이 사람은 너무 배고프게 살아서 보통 사람 세 배는 일을 했어요."

아버지 돌아가시고 형제들한테 땅을 나눠줬지만, 동생들이 농사지을 상황이 되지 않았다. 20년 다녔던 첫 직장을 그만두고 건축 감리를 시작하면서 시간을 자유롭게 쓸 수 있는 상황이라 다행히 형제들 땅까지 많은 농사를 지을 수 있었다.

일하는 게 몸에 배서, 바보같이

남의 손 빌리지 않고 농사지으려고 농기계를 샀다. 트랙터부터 시작해 이앙기, 관리기, 경운기, 고압분무기, 비료살포기 등, 수도 없이 많다고 한다. 논농사는 없고 밭농사만 하시는데, 마을 한가운데 있는 밭에는 여러 가지 작물이 자라고 있다.

1 집앞에서, 중학교시절
2 삼성코닝 근무시절

"밭농사가 복숭아부터 체리, 아로니아, 단감, 매실, 일반 농작물, 안 심는 게 없어요. 농지가 넓으니까. 들깨도 한 번 했다 하면 일곱 가마씩 하고 그러니까. 형제들 나눠 먹고 주변에 계속 갖다 먹는 사람들이 있어요. 고구마면 고구마. 감자 캐면 감자."

일찍 일어나는 새가 벌레를 잡아먹는다고 했던가. 지금은 아쉬운 것 없이 살지만, 일하는 것이 몸에 배서 바보같이 열심히 하는 거라고 한다.

"수원 친구들, 나를 아는 사람들은 나보고 다 일 그만하래요. 이 동네 사람들도 마찬가지에요. 오늘도 새벽 5시에 밭에 왔어요. 아침은 이 사람이 4시에 일어나서 밥을 해서 쌀을 해서 여기서 먹었어요."

배고픈 시절 동네 풍경

"최씨 집안에 대단한 부잣집이 있었어요. 지금 여기 마당 있는 자리가 집터였었는데. 집을 지으면 한 20일 이상 횃불을 기름에 담가 가지고 솜에 불을 붙여 온 동네가 떠나가라 기반을 다져요. 또 무슨 행사만 하면 일해 달라고 하지 않아도 부잣집들은 옛날에 돈 같은 거 안 줘도 배가 고프니까. 있는 집에는 사람들이 얻어먹기 위해서 가서 일해 주는 거예요. 인건비 같은 건 안 줘도 누가 돌아가신다든가 회갑이라든가 이런 잔치를 하잖아요. 잔치를 하면 밤새도록 줄을 섰어요."

요즘에는 세배하러 다니는 사람 없지만, 지금 돌이켜 생각해 보면 배가 고프기 때문에 옛날에는 세배하러 온 동네를 다 돌았던 거 같다고. 그러면서 어릴 적 먹은 음식을 만드는 방법까지 자세하게 들려주셨다.

"봄에 산에 가면 소나무에 꽃이 피면서 노란 게 떨어지잖아요. 송화가루라고 하는데 가루를 모아 꿀이나 물엿을 섞어 다식으로 만들어 먹고. 감자를 쪄서 절구에 빻아 감자떡도 먹고. 늙은 호박을 따면 호박 프라이라고 하는데 밀가루를 호박이랑 섞어서 그것만 먹고. 또 개떡이라고 쑥 같은 거 뜯어다가 먹고. 감자 썩은 거 하나도 안 버리고. 항아리 같은 데 집어 넣어가지고 녹말로 해서 먹고. 산에 가면 도토리 주워서 도토리묵 만들고."

아마도 가까운 자연에서 얻을 수 있는 것으로 간단히 만들어 허기를 달랬을 것이다. 그때는 배가 고파서 보이는 대로 먹는 걸 만들어 먹었는데, 지금 보면 그때 허겁지겁 먹었던 음식들이 모두 슬로우푸드나 건강식인 셈이다. 말씀을 듣다 보니 어머니가 만든 쑥개떡을 여섯 남매가 올망졸망 나눠 먹는 모습이 눈앞에 선하다.

지금이야 산에 나무가 우거졌지만, 어린 시절 동네 산에는 나무가 없었다. 자기 산이 없는 사람들은 땔감이 필요해도 나무를 못 했다. 겨울에 땔감이 없으면 제일 먼저 하는 게 아카시아나무뿌리를 캐다가 땔감으로 썼다. 겨울에 도끼 같은 걸로 아카시아나무를 때리면 얼었기 때문에 잘 베어진다고 한다. 그것마저도 없을 때 눈 많이 오면 소나무 가지를 가져다 불을 붙이는데 도독도독 소리가 나면서 하얀 연기가 났단다. 겨울에는 이렇게 소죽을 쒔다.

철길 따라 걸어서 다녔던 시절

"지금 화서역 있는 데지. 천천아파트 있는 곳에 물이 흘러서 철길 다리가 있었어요. 옛날에는 '칙칙폭폭이'도 있었지만 뿌~ 하고 가는 '새눈깔'이라고 지금 전동차지. 그것 때문에 기찻길을 걸어서 다니다가 몇 번 죽을 뻔한 적이 있어요. 다른 거는 소리가 나는데 새눈깔 전동차, 지금 전동차는 소리가 안 나. 그 철길 다리가 꽤 길게 있어요. 거기 가다가 전동차가 오고 그러면 다리가 기니까 뛰어서 철길 다리를 건너갈 수도 없고. 어쩔 수 없이 물 있는 데로, 물로 뛰어 내리는 거지. 그리고 여기가 전부 산이었어요. 산이어서 기찻길을 걸어가다 보면 아침에 깜깜할 때 나가잖아요. 깜깜하니까 가다 보면 사람 죽어서 가마떼기로 덮어놓은 것도 모르고 밟고 지나가고. 깜짝 놀라지, 물컹하니까. 그 짓도 엄청 많이 했어요."

예전에 기찻길 사고가 잦았다는 이야기는 들어서 알고 있는데, 겪었던 이야기를 직접 듣는 건 처음이었다. 그때야 도로 사정이 좋지 않으니 철길로 많이 걸어 다녔을 것이다. 가로등도 없었으니 더욱 위험했을 것도 같다. 여러 가지로 마음 아픈 일이다.

속상하고 아쉬운 마음이야 절로 들지

이야기 끝에 몇 년 전 동네 땅을 메워서 높이는 일을 이야기 꺼내신다.

"앞쪽에 저쪽 마을회관이 엄청 깊었던 자리예요. 그거를 2m, 3m씩 다 돋궈서 밭을 다 만드는 거예요. 청국장집 개천 앞에 길 있잖아요. 그 옆에 우리 땅이 있는데 엄청나게 깊었어요. 길하고 최소 2m씩 메워서 쓸 만하게 만들어 놓으니까 개발승인이 된 거예요. 나부터도 알았으면, 이 집도 그렇고."

속상하고 아쉬운 마음에 말끝을 흐리신다.

10년이면 강산이 변한다고 조상 대대로 이어 오며 마을의 안녕을 기원했던 당제는 작년을 마지막으로 끝이 났다. 또 몇 년 전까지만 해도 마을에 초상이 나면 상조회에서 상여를 멨는데, 요즘은 주로 화장을 하다 보니 마을 상조회 활동도 달라졌다. 올해 상조회 회장직을 맡았는데 봉사직이다 보니 회원끼리 돌아가면서 맡게 된다고 한다. 상조회는 앞으로 친목모임으로 이어가게 될 거라 한다.

어머니 모시려고 다시 월암으로 들어왔어요

부곡초등학교를 다녔는데 당시에는 동네에 동갑내기 친구들이 많았다. 나이가 같은 55년생 동기들이 동네에 열 몇 명 있었고, 월암동 전체에는 서른 명이 넘었다. 6.25전쟁이 끝난 직후라 많이 낳아서 그렇단다. 부곡초등학교 20회 졸업인데 지금도 동창회 모임으로 만남을 이어간다. 중학교는 수원으로 다녔는데 먼 길을 걸어 다녀야 했다.

학창 시절 공부를 잘했지만, 먹고 살기 어려운 시절이라 인문계를 안 가고 안양공고를 지원하게 되었다. 졸업 후 19살부터 직장생활을 시작했다.

"지금 애들은 배가 불러서 이해를 못하는데 그때는 그랬어요. 토요일이든 일요일이든 1년 열두 달 회사를 들어가면 시키는 대로 했지, 힘들고 이런 거 안 가렸어요. 회사 들어가는 것도 그렇게 쉽지도 않았고. 지금도 직장생활 하고 있어요."

고종사촌 형수 중매로 스물일곱에 세 살 아래 아내를 만나 결혼했다. 옛날 사진 보면 집사람이 날씬하고 멋쟁이였다고 자랑하신다. 지금도 여전히 고우시다. 도룡마을에서 부모님과 1년 넘게 살다가 수원 근무지까지 교통이 좋지 않아 분가를 하게 되었다.

"교대근무를 했어요. 그러다 보니 전철을 타고 가면 첫차를 타고 가도 수원역에서 회사 버스하고 연결이 안 돼요. 퇴근은 가능하지만, 수원 삼성까지 들어가야 하는데 출근을 할 수가 없잖아요. 그래서 고등동 도청 밑에다가 방 하나짜리에다가, 옛날에 판쟁이 담이라고 그랬어요. 판쟁이 담을 지붕을 해서 부엌으로 쓰는 그런 집으로 해서 얻었어요. 비가 많이 오면 뭐랄까. 물통 갖다가 받고, 다라에다가 받고 했어요."

수원에 자리를 잡고 단칸방에서 살다가 그 다음에 독채 전세 얻어서 살기도 하고, 아파트에서 잠깐 살기도 했다. 부지런히 모아서 아이들이 초등학교 들어가기 전에 고둔동에 집을 살 수 있었다.

수원에 살면서도 농사지으러 자주 오긴 했지만, 아버지 돌아가시고 연로한 어머니 혼자 사시니 다시 도룡마을에 들어오게 되었다.

"이 사람이 나한테 권고해서 들어온 거예요. 어머니가 혼자 사시잖아요, 외롭잖아. 사람만 만나면 30분이든 1시간이든 2시간이든 얘기가 끊이지 않고, 계속 사람이 그리운 거야. 가버리면 외로우니까. 우리 집사람이 '어머니 연세도 있고, 장남이고 하니 이제는 모셔야 하는 거 아니냐.' 그래서 들어오게 된 거예요."

대물림할 집을 지었는데 나가야 하다니

들어와서 한 1년 정도 살다가 집을 새로 짓게 되었다. 옛날 할아버지 때부터 살던 집이었고 나이도 있고 하니 이 집을 대물림 하려고 마음먹고 집을 지었다.

"이런 난간 대 같은 것도 보면 전부 통스텐이에요. 다른 사람들의 몇 배를 돈을 들이고 자재도 전부 이중창에 시스템 에어컨에 CCTV도 있어요. 지열 보일러 쓰다 보니까 아파트보다 더 따뜻해요."

정성 들여 지은 집을 둘러보았다. 더운 날에도 바람이 선선하게 잘 통하는 아늑한 3층 집이다. 앞마당에 심어진 미나리와 오이, 갖가지 채소들이 파릇파릇하다. 하는 일이 감리다 보니 설계부터 본인이 다 검토해서 지은 집인데 몇 년 살지도 못하고 나가야 하니 억울하다고 하신다. 집안 곳곳을 둘러보니 집주인의 안타까움이 와 닿는다.

"이사를 하려고 며칠 앞두니까 우리 어머니가 며칠을 잠을 못 주무시더라고요. 평생을 사신 집이니까."

아들딸 자식 낳고 한평생 사신 곳을 떠나는 마음을 어찌 다 헤아릴 수 있을까? 창고가 몇 개씩 있었고 아까운 물건들이 많는데 1년 전부터 조금씩 짐 정리를 하셨단다. 할아버지 대부터 살던 집이었으니 묵은 살림이 많았으리라.

무더운 7월이 되어 마을 한가운데 정성스레 가꾼 복숭아가 잘 익어 가고 있다. 마지막 수확 잘 하시길 바래본다.

1 2016, 할아버지 대 지은 집
2 2017, 새로지은 집

우리가 도룡마을에서 살았어요

마을집, 열여덟

최건철

아쉽다, 생각나면 올게, 꼭 올겨

 최건철 어르신은 1933년 정월 초하루인 1월 1일, 이곳 도룡마을에서 4남 4녀 중 장남으로 태어났다. 출생신고를 늦게 하여 주민등록상에는 생일이 10월 7일로 되어있다고 한다.
 최건철 어르신의 친어머니께서는 일찍 돌아가셨다. 후에 아버지께서 재혼을 하셨고, 자신의 바로 두 살 아래인 남동생을 뺀 나머지 형제들은 모두 재혼하신 계모님의 자식들이라 하였다. 아내와는 바로 옆 동네인 당수동에서부터 중매로 만나게 되었다. 최건철 어르신은 아내와 함께 2남 3녀의 자녀를 두었고, 그 자식들은 지금 수원, 파주, 안양으로 나뉘어져 살고 있다. 가장 나이가 어린 막내아들은 50살이 넘었는데, 지금은 제일 가까운 수원에 산다고 한다.

열다섯 식구가 살던 집

어르신의 집은 도룡마을의 보호수인 회화나무 자리의 바로 건너편에 있다. 대대로 이어 살아온 집은 집안 곳곳에 그 오랜 세월과 추억이 고스란히 묻어 있다. 마을을 돌아다니며 가장 오래된 건물을 물으면 동네사람들이 입을 모아 어르신의 집을 가리켰다. 최건철 어르신의 증조할아버지가 처음으로 지으셨다는 이 집은 무려 200년이나 된 오래된 건물이다. 최건철 어르신의 가족은 이 마을에 내내 터를 잡고 농사를 지으며 살았다.

"나뿐만이 아니라 우리 할아버지들도 전부 여기서 낳으신 거지. 내가 29대손이고, 그 위로 할아버지가 전부 다 여기서 나고 자라신 거예요. 집을 몇 번 고친 거야, 이게. 내 손으로 고친 곳도 많아."

대대로 물려받아 새롭게 다시 짓고, 고쳐온 이 집은 최건철 어르신에게 편안한 보금자리 이상의 보물이었다. 옛날에는 증조할아버지와 증조할머니, 그 아래 할아버지와 할머니, 부모님과 동생들, 그 식구들이 모두 모여 자그마치 열다섯 명이나 되는 식구가 이 집에서 살았던 적도 있었다고 한다.

"그 전에는 한 사람이 열도 낳았으니까. 여기가 큰 상을 세 개씩 봤어요. 다 앉을 수 없어서. 옛날엔 이만한 방에서 포개서 잤어, 어떻게 다 잘 수 없잖아."

최건철 어르신의 집은 방이 네 개뿐이었다. 열다섯 식구나 되는 가족들이 모두 들어가기엔 무척이나 비좁았다. 한 방에 일곱 식구, 다섯 식구씩 옹기종기 모여 포개어 자고는 했다고 한다. 목수 일을 하던 어르신의 솜씨로 지금은 방이 이렇게 넓어졌지만, 옛날만 해도 미어터지는 집안 모습에 매번 정신이 하나도 없었다고 한다.

"친어머니는 일찍 돌아가셨어. 얼굴도 몰라. 제일 그리운 게 엄마 소리를 못해봤으니까. 7살에도 못해봤어요. 증조할머니, 증조할아버지는 나 18살 먹어서 돌아가셨어. 난리통에. 6.25 때 돌아가서 불도 못 켜고 장례 모시고 그랬어요."

6.25로 곤욕을 치르던 시절엔 집안에서 불을 하나 켜는 것도 몹시 조심스러웠다. 비행기가 와서 폭격을 하지 않을까, 문에다가 가릴 것을 더덕더덕 붙이고 빛이 안 나가게 하고서야 간신히 불을 켰다. 그때 최건철 어르신의 나이가 열여덟이었다고 한다.

"7월 달에 돌아가셨는데, 할아버지가 소제상 치르고. 지방에는 소제상이 없잖아. 할아버지가

1 집 앞뜰. 최건철님의 부인
2 운전병 시절

소제상을 치르시고, 할머니가 그 다음 해에 돌아가시고. 시방으로 말하면 70년 전이네, 70년. 그 후에는 계모님이랑 아버지랑 이복동생들하고 다 데리고, 이 앞에 집 거기로 분가하고. 할아버지랑 할머니는 분가해가지고 돌아가셨어. 내가 모시고 있었지."

열 손가락이 넘는 인원이 살던 집안 식구는 그렇게 일곱으로 줄었다. 그것도 충분히 많은 인원이긴 하지만, 이전과 비교한다면 확실히 단출했다. 그래도 집안에서 모시는 어른들이 줄고, 식구들이 줄어든 것으로 집안일을 하던 아내는 한결 편안해졌다고 한다.

"종가에서 제사를 보통 1년에 8번 지내는데, 증조부까지만 지내. 그 전에는 증조할아버지 자손들은 다 왔는데, 지금은 좀 덜하지. 지금도 와요, 지금도 하는데, 이제 시방 전부 바쁘니까. 직장이 먼 데 가서 살고 그러니까, 제사도 12시에 꼭 지내던 거, 시방은 못해요. 왔다 가야하니까."

결혼하자마자 군에 입대하다

"결혼은 내가 스물둘, 아내는 그때 두 살 덜 먹었지. 스물에 온 거야. 옆 동네 당수동에서. 그런데 내가 스물둘에 결혼을 해 가지고 바로 군대를 갔어요."

스물과 스물둘. 결혼하기엔 조금 이른 것 같은 풋풋한 청춘남녀는 중매로 서로를 소개받았다. 두 살 어린 아내는 그가 살던 도룡마을 바로 옆 동네인 당수동에 살았었다. 결혼을 한 지 얼마 안돼서 바로 영장이 나오는 바람에, 곧장 군대에 갈 수 밖에 없었다고 하는 최건철 어르신은 좋을 새가 없었다 하신다.

"그냥 예뻤지 뭐."

처음 아내될 사람을 보았을 때 '이 사람이다' 하는 느낌이 딱 오셨느냐고 슬쩍 물으니, 어르신께선 쑥스러우신 것처럼 웃으시며 그렇게 딱 한마디만 하셨다.
난리통에 좋을 새가 하나도 없었다고 말하셨던 어르신은 무척이나 짧은 신혼생활이었지만 낮에는 단둘에서 아내가 살았던 당수동에서 만나기도 하고, 밤에는 손을 잡고 이야기를 나누며 어르신이 살던 도룡마을에서 밤을 지새우며 알콩달콩 시간을 보낸 적도 있었다고 넌지시 이야기해주셨다.
1594년, 스물두 살이었던 최건철 어르신은 아내를 남겨두고 훌쩍 군대로 떠났다. 집안 가득한 대식구들 사이에 꽃다운 스무 살 어린 아내가 남편 없이 홀로 남았다. 안 그래도 많은 식구들 틈에서 밥을 해주느라 고생하고, 계모님에게 많이 구박받았을 아내를 생각하면 어르신은 지금도 미안하다고 하신다.

"완전 말도 못해, 내가 죄인이죠. 내 친어머니도 아니고 계모님 밑이라 구박받지. 매도 맞고, 노인네들은 바글바글한데. 죄인이라니까."

호랑이 장인어른의 딸, 나의 아내

식사를 할 때도 커다란 밥상을 세 개나 가져다 놔야지 겨우 집안어른들을 모실 수 있었다. 증조할아버지와 증조할머니, 할아버지와 할머니. 두 개는 웃어른을 모시고, 하나는 그 아래 가족들이 썼다. 최건철 어르신의 어머니와 며느리였던 그의 아내는 밥그릇을 상 위에 제대로 올려놓지도 못하고 땅에다 놓고 밥을 먹었다.

"시방 같으면 별 문제 아니에요. 그렇지만 그 전에는 물이 있나, 나무도 그렇고, 더운 물도 쓸 수가 없잖아. 지금은 스위치만 누르면 물 펑펑 나오지, 코드 하나 틀면 불 켜지지, 뭔 걱정을 해요."

추운 겨울에는 눈이 종아리까지 쌓이고, 나무를 하루 안하면 밥을 굶어야 했다. 그때 자신만이 아니라 온 동네 사람들이 고생하던 때였다. 그리고 자신이 없을 때, 그런 집안을 뒷바라지한 것은 아내였다. 어르신이 가진 옛 사진첩을 열어 보니, 단아한 차림새로 사진을 찍은 어르신의 아내 얼굴이 있었다. 그 모습이 퍽이나 곱다. 우리가 "조신하셨네." 하고 말을 꺼내니 어르신이 옆에서 픽 웃었다.

"조신하지 않아. 장군이야, 장군. 호랑이 할아버지 딸인데."

산짐승이나 호랑이가 드물게 산을 타고 내려오던 옛날. 최건철 어르신의 장인어른께선 남들은 벌벌 떨며 무서워하는 호랑이를 눈곱만큼도 무서워하지 않았던 분이셨다고 한다. 오히려 호랑이가 장인어른을 보고 무서워서 도망갔다는 일화가 있을 정도였다.

"이게 장인어른인데, 호랑이를 무서워하지 않던 양반이야. 동네에서 호랑이가 많이 있었다고 그래가지고 사람들이 밤에 안다니고 그랬는데, 호랑이가 도망갔다는 거야. 이 할아버지가 무서워서."

1 왼쪽부터, 장인어른, 장모, 처제, 조카들 순
2 젊은 시절, 최건철님의 부인

고생을 많이 한 탓일까. 어르신의 아내는 중풍이 들어 조금 이른 나이에 세상을 떠나셨다. 지금으로부터 23년 전의 일이라고 한다.

"우리 집사람이 사진 찍는 걸 좋아했어요. 그래서 어디 여행가면 사진 찍고 그랬지."

최건철 어르신 아내는 생전에 멋 부리기를 좋아하고 사진 찍는 것을 무척 좋아하셨다고 한다. 얼마나 사진을 좋아하셨느냐 넌지시 묻자, 어르신이 대답하길 "카메라가 없으면 여행을 가지 않으셨을 정도"라 한다. 동네사람들을 다 찍어주고, 필름 두 개씩 가져가서 다 채워서 돌아오고는 했다는 아내의 이야기를 이어가는 최건철 어르신.

사단장 차를 몰던 1등 운전수

"그때 운전수가 어디 있어? 우리 차도 이렇게 만져보지도 못했는데. 54년도에 운전면허증 가진 사람이야, 내가."

결혼한 지 얼마 되지 않은 아내를 두고 군대로 향한 최건철 어르신은 헌병대에 들어가게 되었다. 옛날에는 자동차를 쉽게 가질 수 있었던 것도 아니었고 운전을 할 줄 아는 사람도 적었다. 지금처럼 학원이 따로 있는 것도 아니라서 운전면허증만 따기도 쉽지 않았다. 최건철 어르신은 부산 구포다리 건너 수성학교에서 면허증을 땄다고 한다.

"거기서 50명 중에 9명이 면허증을 받았는데, 그 한 사람이 나야. 다 떨어지고. 사단장이 나 운전 잘한다고 끌고 다녔다니까, 별들이."

그는 주변 사람이 알아주는 1등 운전수였다. 커다란 별을 단 사단장이 늘 최건철 어르신을 끌고 다니고는 했다고 한다.

"그때는 운전병이 귀해서 내가 5년을 군대생활을 하는데 휴가를 한 번도 못 왔어요. 내가 53개월을 군대를 다니던 사람이야."

운전병이 귀해 군 생활을 하는 동안 휴가라곤 한 번도 쓰지 못했다는 최건철 어르신은 다행히도 외출신청은 많이 받아주었다고 이야기한다. 토요일 날 나오면 일요일 날 부대로 돌아가야 했지만, 틈틈이 바깥으로 나와 집으로 돌아가기도 하고, 서울 시내를 마음대로 누비기도 했다고 한다.

"안 다닌 데가 없어. 25사단이 이동할 때마다 따라다닌 거지. 다섯 번을 옮겼는데, 전방이고 후방이고 안 다녀본 데가 없지. 그때 헌병대 박창원이라고 연대장이 있어서 친했는데. 나중에 경기도지사로 왔었어."

형님, 아우하고 부를 정도로 친했던 연대장과 함께하면 높은 자리를 할 수도 있었을지도 모르지만, 그는 끝까지 집을 지켰다 한다.

목수일을 했어요

"목수 일을 했죠. 마을에서 뭐 좀 달아 달라 하면 가서 해주고. 목수고 못하는 거 없는데 먹고 살려고 목수질도 하고. 전국 안 다녀본 데가 없지."

최건철 어르신은 평생을 목수 일을 하며 살아왔다고 한다. 지금도 도롱마을에 곳곳에 남아있는 옛 집들은 어르신의 손을 거치지 않은 집이 없을 정도라 하니. 이 집의 행랑채도 재료 몇 개만 사왔을 뿐이지 모래를 파는 것도, 벽돌을 쌓는 것도 모두 최건철 어르신이 처음부터 전부 다 자신이 한 것이라고 자랑스레 이야기해주셨다.

"홀랑 다 손으로 한 거야. 든 거는 슬레이트하고 시멘트만 샀지. 다른 건 산 게 하나도 없어요. 저거 행랑채 바깥에 지을 때 그랬다 이거지. 옛날 집이라 찢어져서."

무엇이든지 고치고 쓰는 것이 당연하던 시절, 먹고 살기에 팍팍하던 그때. 다섯이나 되는 자식들을 모두 가르치기 위해서 최건철 어르신은 어떤 일이든 가리지 않고 다 받았다고 한다. 전국 팔도를 돌아다니면서 아파트의 문이란 문은 다 달아보았다고 했다.

"여기 마을에도 있고, 멀리 나가서도 다니고. 부산이나 광주까지 가서 일하다가 마을에 늦은 저녁을 먹으러 돌아오고. 거기서 자기도 하고 그랬어요. 20명씩 데리고 가서 일하고. 이런 데다가 다 아파트에 가져다가 달았지."

난 못하는 거 없어요. 농사도 잘 짓고

도롱마을의 동네 우물도 최건철 어르신의 솜씨라고 한다. 물이 나오는 자리를 한 6m 이상은 파냈다고 한다. 파내는 데만 일주일이나 걸리고, 산에 가서 돌멩이를 모으는 데만 두 달이라는 시간이 걸렸다. 우물 주변에 돌을 쌓아 둥글게 모양을 내는 것도 별것 아닌 것처럼 보이지만, 생각보다 힘이 많이 드는 일이었다. 그렇게 시간을 들여 동네에 우물을 하나 파놓으니, 그것을 보고 마을에서 이 사람 저 사람이 다들 우물을 파달라고 말을 걸었다고 했다. 동네에 있는 우물 중 대여섯 개는 어르신이 직접 파낸 우물이라고 한다. 물론 모두 공짜로 해준 것은 아니었다. 어려울 때이기도 했고, 마을 사람들과의 의리가 있어 조금씩 받기는 하였다고 웃었다.

"내가 그렇게 잘하니까 우리 집사람은 아쉬우면 벽을 때려 부숴 놓는 거야. 그러면 내가 또 그거 복구하느라고 고생했지."

크게 다툴 일은 없었던 부부사이였지만, 부수면 말없이 다 고쳐놓는 남편을 보며 아내는 늘 뒤도 안 돌아보고 직접 다 부숴놓고는 하였다. 벽이건 물건이건 오래되어 고칠 때가 되었다 싶은 물건을 부수는 아내의 모습을 보며 어르신도 그때는 야속한 마음이 솟았다.

"난 못하는 거 없어요. 농사도 잘 짓고."

최건철 어르신이 자신 있게 말했다. 어르신은 언제 어떤 일이든 한번만 보면 쉽게 배울 수 있었다고 하신다. 손재주가 타고나신 것 같다 웃자, 그는 웃음 섞인 어투로 당당하게 "타고났다"고 대꾸하였다. 이른 아침이면 온 동네 사람들이 어르신께 일을 해달라고 대문 앞에 줄지어 서고는 했을 정도라고 하니, 그렇게 말씀 하실 만도 하다. 지금도 최건철 어르신은 도룡마을이 자랑하는 인기 만점 맥가이버다.

"남길 말은 없어, 아쉬울 뿐이지."

마을이나 집에 남기고 싶은 한마디를 적어주셨으면 한다며 내민 스케치북에 어르신은 잠시 고민하시다가 '아쉽다, 생각나면 올게. 꼭 올거.'라는 글귀를 적어 내려갔다. 사라질 도룡마을의 모습, 평생을 함께 숨쉬며 살아온 마을은 앞으로도 그에게 소중한 기억으로 자리할 것이다.

우리가 도롱마을에서 살았어요

마을집, 열아홉

박혜연
최찬덕

도룡마을 사랑방, 회화나무집

마을의 보호수가 우뚝 서있는 길목, 회화나무 옆에 나란히 붙어있는 마당이 넓은 집. 동네에서는 일명 '회화나무집'으로 불리는 이 종갓집은 최찬덕 씨네 집안이 대대로 살아온 오랜 가옥이다. 옛날식으로 꾸며져 있는 가옥을 뜯어고쳐 부엌을 넓게 만들고, 기존의 집 형태를 그대로 살려 새롭게 식당을 차린 이 곳은 동네의 유명한 맛집이기도 했다. 나이 많은 어르신들이 대부분인 도룡마을에선 비교적 젊은 부부로, 남편인 최찬덕 씨는 올해 58세, 아내 박혜연 씨는 56세라고 한다.

안산에서 도룡마을로

두 사람이 결혼한 것은 최찬덕 씨가 스물아홉, 박혜연 씨가 스물여섯 때의 일이다. 최찬덕 씨 부부는 결혼하고 안산에서 살다가 함께 도룡마을로 이사 왔다. 그때가 큰아이가 중학교, 작은 아이가 초등학교 고학년쯤 되었을 무렵이었다. 박혜연 씨가 처음 마을에 들어왔을 때 서른여덟쯤 되었다 한다. 어릴 때부터 마을에서 자라온 남편과는 비교할 수 없지만, 아내인 박혜연 씨도 이 마을에서 10년 이상은 머문 오랜 주민인 셈이다.

"결혼해가지고 안산에서 한 십몇 년 살다가 마을에 들어왔어요. 시어머니께서 일찍 돌아가셔가지고, 아버님이 혼자 계시니까 저희가 이제 아버님을 모실 겸해서 이 일을 시작하게 된 거예요."

젊은 나이에 이곳에 들어온 박혜연 씨는 아직 부족한 부분은 있지만, 옛날 도룡마을은 지금보다도 더 촌이었다고 이야기한다. 주변에는 온통 논밭밖에는 없었다. 시내에서 살다가 이 외진 마을에 오니, 두 아이들도 처음엔 몹시 힘들어했다고 한다. 주변에는 또래 친구도 없고 통학하기도 불편했던 터였다.

"아이들이 힘들어했어요. 마을이 외지고 그 다음에 시내에서 살다가 와야 되니까 친구도 없지. 이사한다는 것도 있고, 통학하기도 나쁘잖아요. 걸어가자니 멀고, 버스타고 가자니 애매하고. 지금은 이제 성장해서 30살, 28살이 됐어요."

생활하면서 느끼는 불편함은 분명히 있었다. 그러나 아이들과 시내에서 살 때에는 감기도 잘 걸리고 아토피도 있었지만, 공기가 좋은 동네에 와서 산 덕인지 큰 병 없이 건강한 모습을 보였다고 한다.

"이제 그래도 우리 애들도 잘 크고, 애들 다 취업도 하고 그렇게 되었어요. 우리가 이 마을을 떠나는 시점이긴 하지만."

박혜연 씨는 이제는 아이들과 함께 마을을 뒤로하게 되는 시점이긴 하지만, 그래도 줄곧 이 물 좋고 공기 좋은 도룡마을에서 살아온 덕에 아이들도, 자신도 누구보다 몸 건강히 잘 보낼 수 있었던 것이라고 생각한다며 웃었다.

우리 동네 맛집사랑방

"처음에 이 집을 내가 들어와서, 애들을 키우고 뭐하고, 젊으니까 일을 해야 되는데, 아버님 모시면서 할 수 있는 일이 이 일이라고 생각했어요. 한식당을 여는 거. 그리고 할 거라면 이 집을 그대로 보존하고, 조금 고쳐서 한다 생각했어요. 주변 사람들이 다 새로 헐어버리고 차라리 새로 지어서 하는 게 낫지 않을까하는 말을 많이 했죠. 하지만 저는 이 집을 그냥 그대로 복원하고 싶은, 건재하고 싶은 그런 욕심에 그렇게 했어요."

처음에는 직원을 다섯씩 두고 문을 열었던 회화나무집은 시간이 흘러 마을 가까이에 있는 저수지 쪽부터 서서히 상가들이 들어서기 시작하면서 그 규모를 줄이게 되었다고 한다. 한적한 마을 안에 있는 한식당. 오래된 마을의 종갓집을 식당으로 바꾸기까지 많은 일들이 있었을 것 같았다. 반대는 없었을까? 이에 대해서 묻자 그녀가 웃으며 대답했다.

"그때는 어머니가 돌아가시고 한 10년이 흐른 다음이었어요. 그 다음에 아버님이 여기 혼자 계시니까. 저희가 들어올 시기에는 아버님이 이제 하루 이틀 그냥 놔두시면 안 되는 그런 상황이었어요. 그때는 누구라도 들어와야 되는데, 애들도 키우면서 일해야 되고. 우리 아저씨는 안산에서 직장에 다녔지. 그러다가 여기 오기 몇 년 전에 회사가 부도나서 그만뒀어요. 여기 올 때는 특별한 일이 없으니까 같이 돈을 벌어야 되는 상황이었죠."

여기에서 식당을 해서 될까? 그리고 아니, 저기다가 무슨 식당을 한다고 그러는 걸까. 그 두 가지가 가장 많이 들었던 걱정이었다.

"가족 중에 반대하는 사람은 없었어요. 반대보다는 다들 반신반의했지."

오래된 종갓집을 개조해가지고 식당을 열겠다는 점에 대해서는 의외로 집안 어르신들이 반대하시지 않으셨다고 한다. 박혜연 씨는 만약 이 집을 다 때려 부순다고 했으면 집안 어른 분들도 분명 무어라고 이야기하셨을 것이라고 이야기했다.

"제가 시집와가지고 그대로 제사 다 모시고 하니까, 어른들이 저를 많이 믿어주셨어요. 많이 예뻐해 주신 거죠."

회화나무집은 100년 넘게 대대로 물려 내려온 오래된 집이었다. 예전에는 행랑채가 있었고, 소를 키우는 외양간이 있었다. 그녀가 처음 시집올 무렵에는 그 자리에 농사일을 돕는 황소가 한 마리 있었다고 했다.

"옛날에 저희 집안의 최 인자 식자, 그 어르신께서 사실 여기서 서당을 하셨었어요. 지금 현관에 있는 현판이 원래는 이 서당 앞에 있었던 현판이에요. 어르신이 서당 하셨을 때 나온 자료들은 대부분 향토사료관에 기탁했어요."

사람들이 계속 대를 바꿔 살아오고, 다양한 물건들과 이야기가 고스란히 담겨있는 곳이었다. 그 무엇도 버릴 수 없는 마을의 역사가 남아있는 소중한 장소였다.

"여기에 있었던 물건들이니까, 더 의미가 있잖아요. 방 구석구석마다 물건들이 쌓여 있으니까 제가 한 달 전부터 여기로 출퇴근을 했어요. 한 달 전부터 와서 다 보고 분류하고, 싸고 묶고 해서 다 정리하고. 그리고 이제 일을 시작한 거지."

박혜연 씨는 도룡마을로 오기 전에 서점을 운영했다. 그때는 옛날집이나 고풍, 고궁 같은 것들이 한참 유행을 하던 시기였다고 한다. 그녀는 우리 집도 이걸 내가 잘 살리면 어떤 멋진 그림이 하나 나오지 않을까하는 마음이 들었다고 한다. 그 과정에서 제일 힘들었던 것은 집안에 보관되어 있는 크고 작은 물건들을 정리하는 일이었다. 물건들을 함부로 다 버릴 수도 없고, 그렇다고 산더미처럼 쌓인 물건들을 창고에 두기만 하는 것은 아니라고 생각했다. 회화나무집을 2층집으로 증·개축하고 인부들을 불러 물건들을 집 뒤편으로 옮기고 또 옮겼다. 항아리나 뒤주, 나무 서랍장이나 키, 조리 같은 것도 버리지 않고 모아다가 가게 내에 장식하였다. 부부는 손때묻은 오랜 물건들을 포함해서 이 집을 있는 그대로를 남기고 싶었다.

"동네 어른들도 엄청 좋아했어요. 들에서 일하다가도 오셔가지고 그냥 식사하고 가시고. 요즘은 옛날처럼 들밥을 내가지 않으니까, 우리 집에 맞춰서 식사하시고. 좋았죠. 제가 어른들한테 인심 안 잃고 살았어요. 잘 퍼드리고 이런 거 좋아하고."

회화나무집은 제법 장사가 잘되었다고 한다. 바로 인근 성균관대나 수원에서 찾아온 손님들부터 드물게는 저 멀리 지방에서 올라와서 밥을 먹고 가는 손님도 있었다. 동네 어른들은 자주 찾아오셔서 일하시다가 약주 한 잔 하시고, 취하셔가지고 3, 4시간 계시다가 가시는 것은 허다한 일이었다고 깔깔 웃었다.

"어른들 노인회 무슨 그런 동네행사 같은 거 할 때도 우리 집에서 많이 하시고. 동네 사랑방 같이!"

최찬덕 씨의 어린 시절

"초등학교는 부곡 초등학교, 중학교랑 고등학교는 여기서 안양으로 다녔어요. 기차 타고 다녔죠. 전철이 없었을 때니까. 여기 동네 분들이 다 그러셨어요."

어릴 적부터 도롱마을 논 위로 산 위로 뛰어다니며 자라왔다고 이야기하는 최찬덕 씨는 자신이 이 마을에서 보낸 어린 시절에 관한 이야기를 하나씩 들려주었다.

"예전에는 여기가 다 논이었어요. 얼마 전까지 한 3, 4년 전까지만 해도 그랬죠."

지금은 많이 메꾸어 없어졌지만, 바로 몇 년 전까지만 해도 이 주변이 온통 논밭이었다. 그가 초등학생이었을 적에는 넓게 트인 논을 따라 부곡까지 한참을 걸어 등교하였다고 한다. 지금도 걸어서 30분은 걸리는 길이었다. 최찬덕 씨는 자주 친구들과 모여 학교를 오가고는 했다. 어떤 날은 "야, 놀다가자" 하고 친구들을 불러 모아 아이들끼리 온 동네를 몰려다니고, 산 속에서 놀다가 학교를 쏙 빼먹고 안가기도 하였다.

"이 TV는 초등학교 1학년 때인가, 자기 초등학교 1학년 때 어머니가 장만하신 거래요. 이거 산 날, 누나가 막 저기까지 쫓아왔다 그러더라고. TV 들어왔다고 빨리 오라고."

이야기를 나누던 중에 박혜연 씨가 뒤에 놓여져 있던 옛 TV를 가리키며 말했다. 마을에서 최초로 들어온 것은 아니었지만, TV가 있는 몇 없는 집 중 하나가 바로 최찬덕 씨네 집이었다고 했다. 동네에서 최초로 TV를 장만한 집은 동네에서 철도국을 다니던 최연호 어르신 댁이었다. 집에 TV가 들어오기 전엔 그 집에 친구들끼리 모여 가서 권투를 보러가고는 했다. 그 땐 전파상태도 지금처럼 좋지 않아, 늘 안테나를 돌려서 전파를 잡았다.

"시골에서 그때 놀게 뭐 있어요. 그냥 제기차고, 썰매타고, 보름 되면 또 쥐불놀이하고. 그런 거 하고 보낸 거예요. 성장과정이야 어디든 얼추 다 똑같아요. 저희 윗세대는 또 나름대로 더 재미있는 걸 하셨을지 모르지만 저희 때는 그랬어요."

정 깊은 가족, 정 깊은 마을

"예전에는 여기랑 여기, 이렇게 산에서 내려오는 물이 있었다는데. 그 물이 그래도 어느 정도 있었나 봐요. 빨래들도 하시고, 우리 어머니도 개울가에서 빨래 빨고 그 다음에 썰매도 타고 놀았다고 하는데. 지금은 그런 물이 안 내려와요. 옛날에는 이 회화나무 뻥 뚫린 데서 구렁이도 나오고, 거기 들어가서 술래잡기하고 놀고 그랬다고 하더라고요. 실제로 구렁이를 본적은 없지만요."

집 바로 옆에 심어져 있는 회화나무를 가리키며 그녀가 그런 이야기를 해주었다. 정이 많던 시어머니는 그녀에게 마을에 관한 소소한 옛이야기를 몇 가지 해주시고는 하셨다.

"어머니 살아계실 때부터도 가까이 살고, 그리고 왔다갔다 왕래하고. 그 다음에 이이가 엄마를, 그러니까 아버지는 좀 완강하셨는데, 어머니는 정이 많으셨어요. 그래서 어머니가 옛날에는 여기 동네 어른들이 같이 시장에 들고 나가려고 하면, 이이가 차도 있고, 어머니 때문에 같이 그 작물들을 같이 바리바리 싸가지고 여기 부곡의 도깨비 시장 있잖아요. 거기로 다 가지고 나가서서 쭉 앉으셔서 다 파시고는 했단 말이에요. 잔정이 있으셔가지고 어머니 거, 동네 어른들 거 다 실어다가 가고."

잔정이 많았던 어머니를 닮았던 것인지, 박혜연 씨 남편인 최찬덕 씨도 늘 동네 어른들을 많이 챙기고는 했다고 이야기한다. 시장까지 나가는 먼 길을 따라서 자동차를 몰고, 짐을 내려주고. 또 다 끝나가지고 오실 때가 되면 자동차를 끌고 마중을 나갔다. 말수 적고 무뚝뚝하지만 자상하고 좋은 남편이라고 박혜연 씨가 웃었다.

"남편과는 중매로 만났어요. 처음엔 고생스러웠죠. 아버님이 약간 치매기도 있으시면서, 안 힘들었다 그러면 다 거짓말이죠. 제가 목욕도 시켜드리고, 기저귀도 갈아 채우고, 그 당시 십 몇 년 정도만 해도 요양원 모시는 걸 식구들이 다들 좋아하지 않고, 물론 우리 아저씨부터가 반대를 해가지고 못 모시고. 그러다가 정말 힘들 때 3, 4개월 그렇게 모시고 병원에서 돌아가셨어요."

중매로 만난 부부는, 첫눈에 서로가 마음에 들었다. 결혼하고 난 뒤 두 사람은 안산에서 가정을 꾸리고 살다가, 어머니가 돌아가시고 나서 아버님을 모시기 위해 자연스럽게 도롱마을로 들어오게 되었다. 날이 좋을 때면 집안에 있는 것을 답답해하시는 아버님을 모셔서 좋아하시는 마당자리에 앉혀놓고, 시간이 되면 집안에 바로 모시고는 하였다고 한다. 가게일과 함께 가정을 돌보는 것은 무척이나 바쁘고 힘든 일이었다.

"어머니께서 정이 많았죠. 저희가 자주 여기에 드나들다 보니까, 제사 때나 무슨 일이 있을 때마다 다른 사람들은 멀어서 못해도 우리는 항상 다니고 했어요. 결혼한 지 얼마 안돼서 어머니가 갑자기 돌아가시고, 이제 그 제사를 아버님 혼자서 지내시니까. '나밖에 할 사람이 없다, 내가 해야지.' 전 그냥 그렇게 생각한 거예요."

예전엔 제사를 지낼 때면 집안 식구들도 부부가 사는 회화나무집으로 많이 찾아 왔다. 기제사에는 그렇게 많은 식구들이 모이지는 않았지만, 명절날엔 최씨네 종갓집인 것도 있어 발 디딜 새가 없었다. 그녀가 웃으며 말하길, 남편은 그 당시에 열심히 마을을 위해 일을 했었다고 한다. 대를 이어 마을통장도 하고, 농촌지도자도 해보고, 사무장으로서 또 몇 년을 일하기도 했다. 시와 함께 일하는 과정 속에서 시장님, 도지사님에게 표창장을 받은 적도 있다고 한다.

"저는 열심히 내조하고, 이이는 열심히 나가서 봉사하고."

부부는 마을의 농사꾼이자 살림꾼으로서 함께 집안을 꾸려나갔다. 밭농사와 논농사도 게을리 하지 않았고, 식당도 열심히 운영했다. 모두가 떠날 수밖에 없는 이 상황 속에서도 똑같이 정 많은 부부의 가슴 속에는 고향을 떠나는 마을 사람들의 마음에 대한 걱정이 앞섰다.

"젊은 사람들은 어디든 정착해서 또 금방 살지만, 마을 어르신들이 제일 마음 아프시죠. 이제 흩어져서 사시면 어쩔까 그런 생각이 들어요."

새하얀 스케치북 위에 떠나가는 아쉬움과 그리움을 남기며, 부부는 몸은 떠나가더라도 마음 만큼은 이 마을과, 그리고 회화나무집과 평생을 함께하리라고 말한다.

1 회화나무집 가게 홀
2 오래된 TV

우리가 도롱마을에서 살았어요

마을집, 스물

안종희
최철준

한 많은 동네,
잊지 못할 동네

마을이 개발되어 땅이 수용되고 이주가 확정됐다는 이야기가 공공연할 즈음이었는데도 최철준 어르신은 이주에 대한 이야기만 나오면 노여운 기색을 감추지 않으셨던 기억이 난다. 그만큼 마을에 대한 애정과 서운함이 큰 것이리라 짐작했다.

우리가 도룡마을에서 살았어요   최철준・안종희

파란지붕과 노란대문이 보이는 작은집

회화나무 앞을 지나 수원으로 넘어가는 길목 중간쯤에 파란 지붕이 보인다. 훤하게 트인 마당 오른쪽으로 작은 비닐하우스가 있고, 흙마당을 가로질러 열려진 노란대문 안으로 냉큼 발길을 들여놓고 싶게 생긴 참 아담한 집이다. 지나칠 때마다 나의 눈길을 사로잡던 집, 저 집에 누가 살고 있을까 궁금했었다. 마을회관에서 한 번, 마을 산책 겸 어슬렁대다 집 앞에서 또 한 번, 두 번을 만나서 안면을 트고도 쉽사리 집안을 구경할 수 없었기에 정식으로 방문을 허락받으니 반갑다 못해 설레기까지 하다.

오이도에서 월암으로 시집오다

인터뷰를 위해 댁으로 찾아갔던 날은 최철준, 안종희 두 부부가 모두 집에 계셨다. 두 분 모두 마을회관에서 여러 차례 만났던 분들이라 반갑고 익숙했다. 자연스레 두 분의 만남과 결혼, 그리고 시집살이 이야기 등으로 이어졌다. 최철준 어르신이 30살, 안종희 어르신이 26살 되었을 때, 안종희 어르신 집안 쪽 어른의 중매로 결혼했다. 안종희 어르신은 군자 오이도에서 시집을 왔단다. 당시로는 늦은 결혼인 셈이다.

"근데 나는 아버지 일찍 잃고 형 앞에서 자랐기 때문에 '뭘 네가 잘하는 게 뭐냐고 공부를 많이 했냐, 뭐했냐.' 해가지고 그냥 갔어."

최철준 어르신은 결혼해서도 처음엔 형님 댁에서 신접살림을 시작했다. 신혼을 시부모님과 윗동서를 모시고 시작한 안종희 어르신의 어려움도 남달랐으리라.

"시할아버지, 시어머니 다 같이 살고 그랬어. 시할아버지, 시어머니, 큰 동서, 조카 다섯, 시아주버니. 생각을 해봐. 내가, 내 일도 하나도 할 줄 모르는데 나는 진짜 일 못 배워가지고 와가지고 어마어마하게 고생했어. 일 못해가지고."

시집을 와서 3년을 윗동서 밑에서 살았다는 안종희 어르신은 시집오자마자 살림이 익숙해지기도 전부터 치매가 온 시할아버지 뒷수발도 들어야 했다.

"치매가 있으니 그때 망령이라 했었지. 몰랐지 나는, 치매가 뭔지. 그래가지고 시집 왔는데 치매가 시작을 했는데, 그냥 그 할아버지가 똥을 싸기 시작하는데, 겨울이나 여름에나 그 똥 이렇게 싸가지고 빨게 벗고 그러고 다녀요. 할아버지가."

1 신혼시절
2 대우 중공업 시절

시집오자마자 시할아버지의 뒷수발을 하면서 쉽지 않은 시집살이가 시작되었다. 지금은 세월이 흘러서 웃으며 이야기하지만, 그 당시엔 얼마나 힘들고 막막했을까.

"치매 걸린 할아버지였는데 똥 싸고 그럼 그걸 다 치우고 이제 그 똥걸레를 빨고 그러잖아. 개울로 가져가지. 그런데 그 시간이 똥걸레 싸가지고 가고 나서 빠는 시간이 그렇게 즐거운 거야. 진짜 좋은 거야. 왜냐하면 그 집이 싫어서."

시집살이 3년 만에 분가를 했지

최철준, 안종희 어르신은 큰집에서 3년을 함께 지낸 후 부곡의 도깨비시장 입구에 있는 농협 근처로 분가를 했다. 그 당시 그 앞에 콩나물 공장이 있었는데 방 하나 부엌 하나 있는 집에 세를 들어 살았다. 2~3년 뒤 지금 사는 집으로 이사를 오면서 다시 월암으로 돌아온 게 74년 1월 30일이라고. 시집살이가 참 고되고 싫었을 법도 한데 다시 월암으로 돌아오게 된 이유를 여쭤보았다.

"지금은 그냥 세를 살아도 뚝 떨어지게 그렇게 살잖아요. 아니 그런데 그때만 해도 이렇게 한 지붕 아래, 그때는 안방살이 하고 건넌방살이 하고 그랬어. 그래가지고 그런 데를 이사를 갔어, 우리가. 그런데 우리 아들하고 한 살 차이나는 집으로 갔더니, 집주인 아들이 그 집엔 둘인데 고 또래가 됐어. 그런데 쌍으로 대보니까 니 집 내 집을 따져. 너네 집이냐 내 집이냐. 그래가지고 그때 내가 진짜 속상해서 막 울었지."

하나뿐인 아들이 집 없는 설움을 겪는 것이 안타까워하던 차에 마침 지금 사는 집이 비어있어서 다시 월암으로 오게 되었다. 사실, 최철준 어르신이 당시에 대우중공업에 다니고 있었고, 부곡에 대우에서 들어가라고 하는 사원용 아파트도 있었는데 아파트와는 인연이 없었던지, 결국은 다시 월암으로 이사를 오게 된 것이다.

"그래가지고 이 집이 났다고 자꾸만 들어오라는 거야. 아휴, 그러니까 들어왔는데, 우리 그 아들이 있잖아. 방이 몇 개고 있잖아. 허물어지는 집이어도 방이 안방 있고 부엌 있고, 뭐 저 사랑방 있고 뭐 그러니까, 이리 뛰고 너무 좋아하는 거야. 그래가지고 그냥 붙어 몇 년 만 살다 나간다는 게, 금방 나간다는 게 몇십 년이 됐다니까."

그렇게 다시 시작된 월암살이가 지금까지 이어지고 있다. 월암으로 이사 들어왔을 당시는 지금 사는 집이 초가집이었는데 최철준 어르신이 하나씩 손보고 고쳐서 지금의 집 모양을 갖추

게 되었다.

주말에는 농사일을 도와야했지

월암으로 돌아오던 74년에는 서울에서 가구 만드는 기술자로 일을 하고 있었는데, 이사를 오고 그해 10월부터 대우 중공업 영선반에 합격하면서 이직을 했다. 당시엔 아직 대우중공업으로 이름이 바뀌기 전이라 회사이름이 한국기계였다고 한다. 최철준 어르신은 그렇게 입사해서 그 후 퇴직 때까지 계속 한 직장을 다녔다.

"그 당시에는 이제 그게 하루 일당을 얼마를 주냐면 1,020원을 줬어. 1,020원. 어, 아니야. 하루 일당이 1,200원인가? 1,200원. 내가 서울 다닐 때 1,800원을 받았는데. 그래서 내가 관두려고 무척을 애썼는데 이 사람이 못하게 해가지고 그래서 결과적으로 퇴직까지 했는데 대우중공업이 참 좋은 회사거든. 세탁기 줘, 뭐 텔레비전 줘, 밥솥 줘. 뭐 작은 대우 중공업이 좋은 회사가 뭐냐면 직원들을 참 잘했거든, 김우중이라는 사람이. 매출 올랐다면 특별 보너스도 주고. 그러던 것이 이제 98년도 IMF때 김우중이가 이제 손 드는 거지."

안정적인 직장이 있으니 크게 밥벌이 염려는 없었으나 월암에 형님이며 친척들이 농사짓고 있으니 농사일도 나 몰라라 할 수는 없었다. 최철준 어르신도 평일엔 직장일하고 주말엔 농사일을 거들었다.

"지금 같이 이렇게 기계로 됐으면 이제 안 해도 되는 건데, 손으로 해야 되잖아, 모두. 손으로, 벼도 베야 되고, 털어야 되고. 그러니까 나는 노는 날이 오히려 더 힘들어."

안종희 어르신도 남편이 농사를 짓지 않아도 덩달아 시댁 농사일을 거들어야 했다.

"그렇지. 이 집 이 집 농사짓는다니까 이 집 저 집 쳐다보면 열둘 시어머니야. 아니 그러니까 남모르게 내 마음만 괴로운 거지. 뭐 그렇다고 그 사람들이 도와주지 않는다고 때리고 내쫓는 건 아니고."

가을에 추수한 곡식은 발로 밟고 털어서 방앗간에 가져갔다. 큰 터라는 곳인 어랑1동에 방앗간이 있었는데, 그 동네가 방앗간이 있어서 유명해졌는지 없어진 지가 오래인 지금도 마을버스에 어랑 방앗간이라는 안내가 나온다고 한다. 최철준 어르신 형님 댁도 농사를 주로 지어 생계를 꾸렸던지라 추수하고 쌀을 찧어오면 70가마니 정도 되는 쌀을 집안에 쌓아두고 가족이 먹고 남은 건 팔아서 생활비로 사용했다.

"그래도 고등학교까지 애들 다 가르치고 딸 시집보내고, 그 형님 자손들이 딸 둘에다가 아들 셋이었었는데 고등학교 다 나왔고, 그러니 알뜰살뜰히 그냥 큰 동서가 뭐 누구 줄 거, 주기나 하겠어? 옷도 하나도 안 해주고 그냥 겨우 밥, 밥 먹고 살았는데, 그 집에서 복덩이 노릇하고 밥 밖에 못 먹어. 밥 밖에 못 얻어먹어."

파리가 낙상할 만큼 깨끗하게

농사일로 바쁜 시골생활에 소도 두 마리 키우고 살면서도 소똥냄새 안 나게 워낙 깔끔하게 관리하며 안종희 어르신은 집안에 파리가 낙상할 만큼 깨끗하게 치우고 살아왔다고 했다. 동네에서도 깔끔하기로 소문이 났다고 한다.

"자다가도 나가서 닦고 그랬어. 난 그냥 신경 거슬리는 거 있으면 쫓아가서 그냥 저 방에 가서 그거 하고 씻어가지고 엎어놓고 들어오고."

최철준 어르신이 기다렸다는 듯이 은근슬쩍 아내 자랑을 하신다.

"지나가는 사람들이 그래. 신발 벗고 들어와야지, 그냥 못 들어간다는 거야."
지금은 세월이 흘러서 나이 먹고 허리와 다리가 아파서 예전처럼 깔끔하게 살림을 못한다고 하지만 두 내외가 사는 지금도 집안 곳곳이 반들반들하다.

"늙고 허리 아프고 이제는 그냥 전만 못해. 허리만 안 아파도 그냥 치우고 살겠는데, 허리가 아프니까 협착증이 생겨서 그냥 지금은 아이고, 살림도 아니야. 진짜."

나의 살던 고향은 도롱마을

두 분의 기억 속에 남은 도롱마을의 옛 모습이나 마을 행사와 모임은 어떠했을까?

"저 벌곡이라고 이렇게 꼭대기에 있었어. 이렇게. 지금 도로 난 데. 그 옛날에 길이 도로난 데서 저쪽으로 연구소 들어가는데, 거기 지금 조그만 언덕 같은 게 있잖아. 그게 무척 높았던 거야. 깎아서 그만큼 약한 거야. 지금 올라가 봐. 차 가지고 그리 올라가고 보면 그게 지금은 무척 얕은 건데 산하고 똑같았던 거거든 그게."

아이를 업고 벌곡을 올라가려면 참 힘들었다고 한다. 지금은 덕영대로가 생기고 산을 깎아서 그 당시와 비교할 수 없는 모습이지만, 그때는 엄청 높은 곳이었다고. 안종희 어르신은 바닷가에서 시집와서 꽃피고 나무 우거진 산이 유달리 좋았던 모양이다.

"여기 저기 산 있었는데 산소도 큰 게 많고 그랬었는데 거기 올라가면 도토리나무, 푸른 나무 하여튼 들꽃이 많았어. 꽃냄새가 아주 팍 나고 아주 그런 곳이 많았었어. 나는 산이 없는데서 시집을 와가지고 거기 올라가면 얼마나 풀냄새가 좋은지 국화 냄새나고 그런데 이 동네가 그렇게 망해놨다니까. 옛날에 진짜 좋았었어. 이 동네. 그리고 또 정태네 집이라는데 거기 그 샛길이 소 이 정도 가는 길이 있었어. 산골에서 살 때처럼 여기 양쪽으로 산이고 오솔길이었어. 도토리나무, 소나무, 저기 뭐야 진달래, 뭐 하여튼 엄청 나게 많이 나고."

그리운 월암 풍경을 지금은 그만큼 확인하기 힘들지만, 안종희 어르신 이야기를 듣고 있자니 고향의 봄 노래에 나오는 그런 풍경이 눈앞에 그려졌다. 복숭아꽃 살구꽃과 진달래가 피는 아름다운 마을의 모습 말이다.

마을에서 함께 해온 모임으로 부녀회, 상조회, 도룡회 등이 있는데 그런 모임들에 참여하셨느냐 물었더니 그다지 적극적으로 참여는 안하신 모양이었다. 상조회는 가입 되어있고 부녀회에 대한 기억도 마을사람들과 나들이 다녀온 것 외엔 특별한 이야기가 없다고 하신다. 그보다 최철준 어르신이 친목회 비슷하게 참여했던 모임으로 칠인회를 얘기해주셨다. 남자만 일곱인 칠인회에서 지금은 3명만 남았다고 했다. 그나마 두 분은 다른 지역으로 이사 가신 지 한참 되었단다.

마을을 떠날 준비를 하며 지금 심정을 여쭤보았다. 50년이란 시간이 결코 짧지 않기에 그 무게를 가늠하기 어렵지만, 사진으로 남길 마지막 한 마디를 부탁하니 이렇게 답하신다.

"한 많은 동네! 잊지 못할 동네! 살기 좋았던 고향을 떠나니 서글프다."

그 한 문장 속에서 많은 것이 아련하게 전해왔다. 고향을 잃어본 사람만 안다. 그 이루 말할 수 없는 아쉬움을.

우리가 도룡마을에서 살았어요

마을집, 스물하나

김현주
최백준

나는 항상
철부지였네

최백준 통장. 그를 도롱마을에서 만날 때마다 그의 얼굴에서 읽을 수 있었던 것은, '아쉬움'이었다. 그 감정은 통장이라는 직책이 주는 책임감 때문이 아니라 도롱마을에서 살아온 사람으로서 가지게 된 것이었다. 이번 도롱마을 기록을 많이 도와준 것도 최백준 통장이었다. 주민을 찾아가 인터뷰해달라고 설득하고, 의왕시에 기록관을 요청하기도 하고, 마을을 기록으로 남기고 싶다고 말하기도 했다. 그는 무엇 때문에 이렇게 아쉬워하는 것일까?

많은 것을 잃어버린, 잊어버린

그의 나이 57세. 지금껏 마을에서 만나본 이들 중 제법 젊은 편이다. 하지만 그의 살아온 시간이 남들보다 적다한들, 그 굴곡이 깊지 않았던 것은 아니다. 그의 조부는 최신식 선생으로, 의왕에서 이름 좀 날렸다던 지주였다. 성품이 올곧고 의식이 있어, 도룡마을 인근에 학교가 없음을 안타깝게 여겨 오늘날의 의왕부곡초등학교를 세운 장본인이기도 하다. 혹자가 일컫기를, '도룡마을에서 최신식 할아버지 땅을 안 밟고는 못 돌아다닌다.'는 말도 돌았다고 한다.

이런 조부를 두었기에 순탄한 삶을 살았을 것이라 예상할 법도 하지만, 소년 최백준에게 폭풍우가 거세게 몰아쳤다. 아들이 둘, 딸이 다섯. 7남매를 낳은 부모님은 최백준 통장이 어린 시절 세상을 떠나게 된다. 아버지는 심장병으로 그가 7살 때, 어머니는 9살 때. 이 험한 세상에 남매들만이 남게 된 것이었다. 마냥 재산이 많을 것이라 여겼지만 상황이 좋지 않았는지 아버지가 돌아가시자마자, 어머니는 동네 사람들로부터 갚아야 할 쌀 빚 때문에 고초를 겪어야 했다.

한참 부모님 품이 편하고 좋을 나이, 그 시기에 부모님을 잃은 충격이 컸는지 최백준 통장은 부모님 얼굴이 전혀 기억나지 않는다고 전한다.

"부모님이 너무 일찍 돌아가셔서 나는 기억이 없어요. 그게 너무 아쉬워요. 왜 기억이 안 나는지 모르겠어. 트라우마 때문에 기억이 닫힌 건지. 그 기억을 더듬어 보고는 싶지는 않아."

비극이 그것만으로 끝났더라면 차라리 다행일까. 서로를 의지하고 살던 남매들마저 차례차례 세상을 떠나고 말았다. 지겹게나마 오래 살고 갔으면 서러움이라도 덜 할 것인데, 한창 꽃피울 나이인 20대 초반에 떠나가 버린 형제들을 떠올리면 가슴이 미어진다.

그렇게 따뜻했던 형의 등이었는데

부모님이 돌아가시고 나서, 가장 힘이 되어준 사람은 형이었다. 최백준 통장은 그를 이렇게 기억했다.

"형은 말이 없는, 아주 듬직한 사람이었지. 인상도 남다르고, 가수 조경수라는 양반하고 비슷했어요. 덩치도 컸고, 하여튼 말을 많이 안하는 사람이었어. 술은 별로 안했는데 담배는 꼴초 수준으로 막 피고 다니고. 근데 교회가서 기도하더니 딱 끊어버리고."

최백준 통장이 교회를 다니게 된 계기도 형님 때문이었다. 커다란 등에 업혀서, 부곡감리교회로 향하곤 했다. 소년에게 교회는 대단한 믿음 때문으로 향한 것이 아니라, 그 따뜻함에 매료되었기 때문이었을 것이다. '호준이 형'은 곧 최백준 통장에게 아버지나 다름없었다.
그런 형도 나이가 차서 군대에 가게 되었다. 든든한 사람이니 문제없이 다녀오리라 믿었다. 하지만 사고가 일어나고 말았다. 훈련 중에 맞닥트린 참사는 부상 정도로 끝나지 않았고, 이내 형의 목숨을 앗아가 버렸다. 하늘이 무너지는 듯 했다. 의지하는 사람들이 하나 둘 사라져가니, 제정신으로는 버틸 수가 없었다.
소년은 요샛말로 '일진'이 되어버렸다. 중학교 1학년 때, 형이 그렇게 사라져버리자 얌전했던 성격은 뒤틀려버렸다. 안하던 가출도 하고, 자신도 모르게 사람을 때리는 버릇도 생겨버렸다. 삽시간에 학교에서는 문제아로 낙인이 찍혔다. 매일이고 학교를 찾아오는 누나를 보며 울분이 치솟았다. 공부 꽤나 시키던 수성고등학교에 가서도 '애들 패는 놈'이라고 소문이 자자했다. 나름의 신조로 나쁜 놈들만 찾아서 패고 다녔단다. 속에 있는 울분을 풀고 싶어서. 교회만 보면 자신을 업어주던 그 따뜻한 형의 등이 떠올라, 그곳도 발길을 끊었다.

평생 희생만 하며 살아온 나의 누님

누님 이야기를 꺼내기 시작하자, 최백준 통장의 눈시울이 붉어진다. 집안의 가장이었던 형님이 돌아가시고 나서 충격을 받았던 것은 최백준 통장 혼자만이 아니었다. 그에게 의지했던 '정자 누님' 또한 심히 괴로워했다. 그렇다고 이대로 쓰러져있을 수만은 없는 일이었고, 남은 남매들을 위해 누님은 결단을 내렸다. '이 집안을 이끌어갈 사람은 최백준 너다.' 하곤 지원을 아끼지 않았다고 한다.

"누나가 이런 절 보고 뭐라 그랬겠어요. 근데 심한 야단은 치질 않더라고요. 집에는 꼭 들어오고, 어떤 이유든 사람 때리지 마라. 차라리 맞고 다니면 안 되겠니? 하고. 얼마나 속 많이 썩였어요. 나는 누나한테 사죄를 많이 해야 해."

문제아였던 동생이 어긋나면 회초리를 들기도 했으며, 이에 마음 아파 남몰래 울기도 했다. 학업에 열중하라고 집안의 논, 밭은 누님 자신이 직접 경작했다. 한창 놀고 싶고, 연애하고 싶은 청춘이었지만, 모든 것을 내려놓고 동생 챙기기에 급급했다. 심지어 최백준 통장이 성인이 되고 취직을 해도 외면하지 않았다. 다른 동생들이 결혼을 하고 독립할 때에도 끝까지 막내 동생 옆에 남았다. 나이가 다 들도록 시집도 가지 않던 누님은 최백준 통장이 결혼하고 둘째 아이를 낳고서야 결혼을 하니, 그녀의 나이 쉰하고도 둘이었다. 너무 늦게 결혼을 한 탓에, 아이도 갖지 못했다. 대신 조카들을 친자식처럼 아끼곤 하였으니, 대를 이을 아들이 없어도 그렇게 기뻐하고 보살펴주었단다.
항상 지극정성인 누나였지만, 최백준 통장은 그런 그녀가 원망스러울 때도 있었다. 중학생

시절, 한창 엇나가던 때 '동준 누님'이 결핵에 걸려 사경을 헤맸다. 허구한 날 누나에게 못되게 굴었던 동생이었지만, 힘들어 하는 모습을 차마 바로 볼 수 없었다. '정자 누님'에게 제발 우리 집 땅 팔아서 동준 누님 살리자, 병원가자 애원했지만 누님은 애써 담담하게 안 된다고 거절했다. 수차례의 애원에도 뜻을 굽히지 않았고, 결국 동준 누님도 다른 형제들을 따라 마지막 인사를 남기고 이 세상을 떠나버렸다. 그깟 땅, 팔아버리고 병원에 갔더라면 살릴 수도 있었을 텐데. 항상 못난 모습만 보여 동준 누님에게 미안했고, 동시에 정자 누님이 미웠다. 그런 누나가 원망스러워 빨리 죽으라고 저주도 했다. 정자 누님도 동시에 괴로웠으리라. 하지만 그런 속사정을 헤아리지 못했고, 세월이 한참 지나서야 최백준 통장 자신을 위해 얼마나 희생하며 살아왔는지 깨닫게 되었다.

"우리 집, 우리 땅 지키려고 누나가 자기 삶을 바치신 거지. 나한테 그러더라고. '이 땅은 조상님하고 부모님이 남겨놓은 유산이니까 너는 신경 쓰지 마라.' 그렇게 지켜왔던 거야."

지금도 서로 연락은 자주 하느냐는 물음에 최백준 통장은 쉽게 말을 잇지 못했다. 그 정자 누님마저 4년 전, 결핵으로 투병하다 64세의 나이로 작별을 한 것이었다. 젊은 시절 너무나 고생했던 탓이었을까. 아직 살아갈 날이 한참 남았을 텐데, 그 은혜에 보답해야할 것이 아직 많이 남았는데. 그렇게 가슴에 빚을 남기고 누나는 떠나버리고 말았다.

파란만장 청년기

문제아 소리도 듣곤 했던 학창시절이었지만, 계속 주저앉아 있을 수는 없었다. 최백준 통장은 새 삶을 위해 입대를 결심했다. 하지만 군에서 순직한 형님의 사례와, 일찍 돌아가신 부모님 때문에 군에서는 면제를 받았다. 이에 불복한 최백준 통장은 군에는 꼭 가야겠다며 훈련소에 숨어들어 갔다가 걸려서 얻어맞고 쫓겨나기도 했다. 결국 여자저차, 6개월간의 출퇴근 방위보직을 맡게 되었다. 그렇게 그가 군에 들어가려 했던 것은 자기 스스로 '사람이 되고 싶어서'였다. 나름의 자기반성인 셈이다.

군 복무도 끝나고, 그가 갖게 된 첫 직장은 '불티나 라이터'의 영업 관리직이었다. 나름 공채 1기로 시작했으며, 당시 대단한 규모를 자랑하던 회사였기에 남부럽지 않은 직장생활이었다. 그렇게 그는 10년을 바쳐 일했다. 아내도 그곳에서 만났다.

"그때는 성공한 회사였지, 근데 나중에는 아주 나쁜 회사가 되어버렸어. 회사가 10년 만에 부도가 났는데 뒤처리 생각은 안하고 가족이 다 미국으로 도망갔어. 그때 나는 1년 치 봉급도 못 받고. 근데 나만 못 받은 게 아니라 400명이 다 그랬더라고."

1 그 옛날, 최백준님과 친구들
2 할머니와 누나와 함께

27세에 입사해서, 10년을 바쳐 일하고 나니 벌써 37세가 되어버렸다. 그 이후로는 명동에 있는 한 회사에서 15년을 일했고, 잘나갈 때는 월에 천만 원도 벌어오곤 했단다. 그렇게 일에 자신감이 붙은 최백준 통장은 주류 사업에 뛰어들었는데, 크게 실패해버려 빚더미 위에 앉아 버렸다. 빚을 갚기 위해 누님이 그렇게 평생을 바쳐 지켜왔던 땅도 팔아야 했기에, 가슴이 미어지는 괴로움을 겪었다고 전했다. 그렇게 온갖 쓴 맛을 본 뒤에, 남은 땅을 가지고 농사를 시작하니 그의 나이 51세였다.

어릴 때는 문제아 소리를 들었던 이가 나이 먹어서는 일한답시고 매일 나가 있고, 사업으로 땅 팔아버린 후에 농사짓는다고 있으니, 그를 보는 분위기가 달갑지만은 않았다. 하지만 그를 이해해주는 이가 있었으니, 이웃 최찬덕 선생이었다. 이전 통장이었던 그는 일부러 봉사활동 자리에 최백준 통장을 데리고 다니고, 동네 사람들과 친분을 쌓을 수 있게 계속해서 만날 수 있는 기회를 마련해 주었다. 그러다보니 어색했던 이웃들과도 교류가 잦아지고, 어느새 농사일을 시작한 그 해부터 도룡마을의 통장 일을 맡게 되었다.

누님이 지켜온 이 동네, 잃고 싶지 않았건만

통장이 된 이후, 다시 바라본 동네는 많은 것이 변해 있었다. 원래 살던 동네 사람들은 어느새 많이 떠나 버렸고, 외지인들이 그 자리를 차지하기 시작했다. 그 속에서 작은 갈등들도 일어나고, 민심이 예전보다 각박해져가는 것을 느낄 수 있었다. 그러던 중 개발 소식이 들려왔다. 그 누구 못지않게, 이곳을 지키고 싶었던 그는 의왕시장을 찾아가 개발을 시키지 말아 달라, 자연친화적인 도심 속 생태마을로 만들자 건의하곤 했다. 마을발전위원회를 세우고, 시와 의논하던 중 갑자기 월암지구 개발 발표가 나버렸다. 많은 이들이 충격을 받았고, 이에 반대 의사를 표명했으나 어느새 그들도 찬성의 편으로 돌아서버렸다. 온 힘을 다해 지키고 싶었지만, 더 이상 할 수 있는 일이 없었다. 무력함을 느꼈다.

"이 마을은, 다른 지역이나 같겠죠. 근데 어려서 정말 벗어나고 싶었던 마을이었어요. 너무 오지였으니까. 도시 애들은 사탕을 먹고 다니는데 그게 그렇게 부러웠고, 비 오는 날이면 부곡역까지 걸어가면서 무릎까지 다 젖어서 가야하는 것이 정말 싫었어요. 근데 살다보니까 알겠더라고. 사람이 사는 모습들, 사람 사는 냄새. 저 멀리 기차가 명절날마다 지나가는 것 보다보면 사람들이 막 매달려서 타고 가요. 사람들이 어디를 가려고 저렇게 가나 했는데, 고향이었던 거지. 고향이 저런 거구나 하는 걸 느껴요. 어릴 때 동네 형들이 여름이면 미꾸라지 몇 마리 잡다가 고추장 풀어서 끓여주는 그 맛을 아직도 못 잊어요."

결국 마을을 떠나게 되었지만, 여기서 살아온 사람들의 기억이라도 남기고 싶었던 그였다.

아주 사소한 추억들, 누구나 기억할만한 이야기들. 그렇게라도 남겨서 마을을 지키고 싶었던 것은 평생을 희생해 집과 땅을 지켜온 누님 때문이었다. 누님의 뜻을 따라, 한 번도 마을을 떠나 이사한 적이 없었던 그였다. 마치 죄를 짓는 심정이리라. 어느새 이야기를 나누는 이들 모두의 눈시울이 다시금 붉어졌다.

"누나가 그렇게 지키고 싶었던 그 고향을 이제 잃어버리는 거잖아요. 나보다도 누나가 더 한이 많을 텐데. 좋은 기억보다도 아픈 기억이 더 많았지만, 그래도 고향인데. 집들 다 없어지고 아파트 들어선 뒤에 다시 오면 가슴이 더 아플 것 같아."

최백준 통장은 5년 전부터 다시 교회를 다니기 시작했다. 형의 죽음 이후, 수십 년을 괴로워서 피하려 했지만, 결코 덮어둘 수 없는 따뜻함이 그리워서였다. 사람은 언젠가 서로의 곁을 떠나지만, 그 온기는 가슴 속에 남는다. 고향도 마찬가지다. 그 곳을 뒤로 하고 떠나야한들, 따뜻함을 떠올리는 기억만은 영원하길 빌어본다.

"그때 그 생각이 나니까, 형님 등에 업혀서 교회에 가던 그 시절, 너무 따뜻했거든요."

최백준님의 부모님

우리가 도롱마을에서 살았어요

마을집, 스물둘

황선옥
이종식

대대로 살면서 마지막까지 머무는, 이곳은 나의 터전

도룡마을 끝자락에서 수원으로 넘어가는 한적한 길을 따라 걷자, 조용히 자리 잡은 농막이 하나 나온다. 농막에서 내려다 본 마을은 그야 말로 장관이다. 반짝이는 햇빛 아래 나란히 늘어선 어린 모가 눈에 들어온다. 오이, 상추, 호박 등이 쑥쑥 자라고 있는 모습도 빼놓을 수 없다. 시원한 바람이 슬쩍 불어와 싱그러움을 더해준다. 꼬꼬댁! 하고 기운찬 닭 울음소리가 먼저 반겨주는, 이곳이 바로 이종식 어르신의 집이다.

"어르신 안녕하세요?"

가을에만 볼 수 있는 황금 들녘을 보여주지 못해 아쉽다는 어르신에게 인사를 드리자, 장난기 가득한 답변이 돌아온다.

"어르신? 아니, 아니 무슨 어르신이야. 나 아직 젊어!"

나와 내 친구들의 고향

"몇 대 할아버지부터인지는 모르겠는데, 대대로 살았다고 그래요. 저는 여기서 태어나 살면서 뭐 떠나보지를 않았어요. 장가도 못 갈 뻔 했지, 뭐. 부모님 모시고 사느라고."

1963년 2월에 태어나 떠난 적이 없다고 하시니 토박이 중 토박이다. 지금은 이사해서 부곡에 살고 있지만, 여전히 농막에서 보내는 시간이 많다고. 형제 중에서도 유일하게 이 근교를 벗어나지 못했다. 올해가 마지막 농사가 될 수도 있다고 생각한다며 작게 덧붙이는 말씀에 애꿎은 머리카락만 쓸어 넘겼다.

형제는 4남 3녀로 식구가 많은 편이다. 농사만 지어 먹고 살자니 살림살이가 빠듯해 대학은 꿈도 꾸지 못했다. 초등학교 때부터 부모님을 도와 농사일을 하는 건 물론이고, 지게를 지고 멀리 나무를 하러 다녔다. 예전에는 하도 나무를 베어가니 이 근처가 나무 하나 없이 온통 붉었다고 한다. 몸뚱이만 한 지게를 지고 다니니 논두렁을 지나다 바람에 넘어지는 일도 있었다.

"학교 갔다 오면 우리 윗집에 나보다 1살 더 먹은 친구가 있었어요. 그 친구, 나, 나보다 한살 적은 후배 하나 있었고, 셋이서 항상 뭉쳐 다녔어요. 소문난 개구쟁이였죠. 우리 같은 개구쟁이가 또 없었어요. 그때는 아주 동네에 소문이 났어요. 지금은 다 고인이 됐어요. 그 생각하면 좀 안타깝죠. 나하고 아주 친했는데. 절친이었는데."

나무를 하러 갈 때면 늘 함께 하던 동네 형이 있었다. 한 살 아래 후배와 함께 사고도 많이 쳤다. 지나가는 기차의 불빛을 이용해 포도밭에서 서리도 참 많이 했고 누구네 집에 뭐가 없어졌다하면 다 세 사람의 소행인 줄 알았을 정도였다. "체력은 국력" 이런 문구가 적힌 깃발을 들고 삼거리에 모여 학교를 가기도 했다. 친구들을 회상하는 그 얼굴이 지금도 제법 개구지다.

어머니와 묵, 부지런했던 삶

어머님은 매일 새벽 4시 반이면 묵을 쒀 영등포 시장에 내다 파셨다. 조금이나마 학교에 다닐 수 있었던 이유도 그 노고 덕이라고. 주말에는 대야에 담은 묵을 자전거에 싣고 부곡역까지 모셔다 드렸다. 어린 나이에 다리가 짧아 페달을 제대로 밟지도 못하니 가다가 넘어지기도 수차례. 그렇게 도착해 먹은 잔치국수가 아직도 기억나시는 모양이다.

"묵 가져가서 파시고 그 다음에, 그럼 이제 또 도토리를 사 와요. 이제 전날 했던 거 불렸던 걸 다시 안쳐서. 아우, 그 그릇 닦는 게 최고 힘들었어, 묵 그릇. 그래서 어머니가 만날 그거 뭐야, 라면같이 꾸불꾸불한 거. 라면땅인가 그거 사다 주면 여동생하고 그릇 한 200개, 300개 지하수 펌프 눌러 퍼서 닦고."

젊은 시절에는 농사일을 하다 기술을 배워둘 필요가 있겠다 싶어서 돈이 된다던 용접을 접하다가 일본에서 온 기술자들에게 유공압을 배웠다. 우리나라에 할 줄 아는 사람이 별로 없는 까닭이었다. 그런데 웬 걸, 배우고 나니 우리나라에도 기술자가 많이 생겨 있었다. 결혼하기 전까지 참 바쁘게도 살았다. 직장생활도 하고 장사도 하고 지금은 건축업을 주로 한다. 소일거리로 농사도 틈틈이 하고 있다. 방 안에 누워 천장만 바라보면 답답하기만 하지, 일이 없을 때 농막에 와서 쉬면서 마음도 달래고 풀도 뽑고, 흙 만지고 땅 밟고 있다 보면 시간도 잘 가고 참 좋다고 하신다. 이쯤이면 어르신에게 농사는 일이 아니라 휴식이다. 어릴 때는 농사가 뭔지도 모르고 시키니까 할 수 없이 했는데, 지금은 하고 싶은 걸 스스로 하니까 보람도 있고 재미있다 하신다.

"오이를 많이 심는 경우는 친구들이 많이 보내 달래요. 오이 좀 지어서. 누님은 안양 살고 여동생은 이제 평택에 살고. 형님은 수원시. 구룡마을에는 저만 살고. 이제 택배로 이렇게 해서 전국에 다 보내줘요."

나의 가족 이야기

"나 어릴 때는 그냥 흙길이라, 택시 한 대 들어오면 신기해 가지고, 오랫동안 보고 싶어서 굴을, 땅도 막 파놓고 그런 기억이 있어요."

이종식 어르신은 아들 중 막내로, 유독 예쁨을 받아 부모님께서 같이 살고 싶어 하셨다. 차도 잘 다니지 않는 시골에 시부모를 모셔야 한다고 하자 아무도 시집오려 안 했으니 말 다했다. 보험회사에 다니던 누님 소개로 20번이 넘게 맞선을 보기도 했다. 동생이 장가를 못 가니 어지간히 속이 타셨나 보다.

직장상사가 큰딸을 소개시켜 주기도 했다. 마음에 들지 않아 했더니 다음날은 둘째딸을 또 소개시켜줬다. 둘째딸도 마음에 들어 하지 않자 셋째도 소개시켜 주는 게 아닌가. 눈이 휘둥그레질 일이지만, 이상하게 셋 다 마음에 안 차더란다. 거기에 그치지 않았다. 방송국에서 일하는 친구 딸도 명단에 올랐다. 부인을 만나기 전까지의 이야기가 한 보따리다.

1 어르신이라 부르기엔 너무 젊은 이종식님
2 이종식님의 텃밭

"거기서는 또 데릴사위로 오래. 부모님을 모셔야 하는데 그건 안 되지. 아무튼 그때 반장님하고 같이 한 집안에 세 집인가 네 집이 세를 들어 사셨대. 한 주택에 자그마한 방들이 있어서. 처갓집도 어려웠나 봐요. 거기 딸이라고 소개를 시켜 주는데, 웃는 얼굴이 너무 예쁜 거예요. 첫눈에 반했나봐. 아주 참 많이 매달렸죠. 나는 부모님을 모셔야 한다, 거기서는 교회를 다녀야 한다. 지금은 무교지만, 그래 가지고 교회도 한 이십 년 다녔어요."

신혼 초에는 싸우기도 참 많이 싸웠다. 젊은 새댁이 아무것도 없는 곳에 덜컥 시집을 왔으니 답답한 것도 이해가 된다. 그래도 오순도순 정인지 의리인지 잘 살았다. 아들과 딸도 두었으니 도룡마을에 새로운 가족이 탄생했다.

"그런데 걔들은 좀, 좀 아픈 얘기지만, 태어날 때부터 청각에 문제가 있어서. 저보다 집사람이 많이 고생을 했죠. 다섯 살 때부터인가 매일 차로 오가며 언어치료도 하고. 우리 집사람이 못 가면 내가 가고. 돈을 버는 대로 애들한테 투자했죠."

덤덤하게 풀어낸 자식 이야기는, 딸은 서울의 좋은 대학을 나와서 직장생활을 하고 있고 아들은 유아특수교육과 선생님이 되었다는 훈훈한 마무리로 끝이 났다. 아빠가 어떤 일을 하는지 보여주고 싶어서 아주 추운 날 아들과 현장 일을 함께 나간 적이 있는데 느낀 게 많았던 모양이다. 교수님이 최고 존경하는 사람을 물어보자 '우리 아빠'라고 대답했다 한다. 자랑스러운 아빠로 비춰진다는 사실이 감동스러워 많이 울었다고 한다.

축복받은 동네, 도룡마을!

도룡마을은 축복받은 마을이다. 지금까지 살면서 큰 자연재해가 한 번도 없었다. 비가 많이 와도 물에 떠내려간 거 없고, 홍수가 나도 논둑이나 조금 터질 정도였다.

새마을운동이 한창이던 시절에는 집집마다 퇴비장을 만들었는데, 퇴비를 많이 모아 거름을 만들면 농사가 잘 되어, 쌀 수확량이 늘어난다는 이유로 시에서 조사를 나오곤 했다. 예전에는 초가집도 많았는데 참새가 둥지를 틀었다. 플래시를 비춰서 참새가 나오면 잡아서 참새구이를 해먹었다. 슬레이트 지붕으로 바뀌었을 때는 삼겹살도 구워 먹었다. 윗집에 사는 친구가 용마루 엮는 것도 가르쳐주고 지게도 키에 맞게 만들어 주었다고 한다.
도룡마을은 유난히 단합이 잘 되었다. 십시일반으로 마을회관을 건립하고 마을길도 서로 조금씩 양보해서 이렇게 넓어지고 한 걸 보면 말이다. 도룡회는 어르신들의 상조회고, 또래들은 선우회라는 상조모임을 했다. 회원이 많을 때는 40~50명 정도였으나 지금은 20명 정도가 매월 회비를 낸다. 초대 회장을 지내기도 해. 추억도 많다. 줄다리기, 축구, 노래자랑, 어르신들 모시고 관광도 다니고. 해마다 젊은이들이 줄고 나이든 사람만 남다보니 이런 행사를 유지하는 것도 쉽지 않아 지금은 없어져 버렸다.

"제가 이제 작년까지 상조회 총무를 봤었는데 올해부터는 이제 다른 사람이 하기로 했어요. 이제 친목식으로 거의 하죠. 만들고서는 실제로 상여도 나가고. 참 이게 그런 것도 이제는 없어지니까 아쉽고. 내가 봐서는 그냥 없어지기는 좀 그렇고 친목이라도 유지를 계속하고 싶은 게 내 바람인데. 회원 여러분들도 아마 마찬가지일 것 같아요, 제 생각은."

대동회는 마을전체모임이다. 하지만 다들 이사를 나가고 나면 모이기가 쉽지 않을 것 같아 입안이 쓰다. 다시 마을로 돌아와서 살겠다는 사람도 그리 많지가 않으니 별 수 없는 노릇이다.

어르신에게 도룡마을은 두 손으로 일군 곳이다. 4~5년 전에는 흙을 2만대를 가져다 푹 파여 있는 곳을 메웠다고 한다. 비가 오면 논에 물이 다 넘쳐서 많이 불편했는데, 이걸 흙으로 다 메꾸고, 논에서 밭으로 형질 변경도 하고, 많은 일들을 했다.
도룡마을을 생각하면 마음이 어떤지 묻는 질문에 한참을 생각하다 한 마디 하신다. 인터뷰 내내 웃음이 가득했는데, 그 한 마디가 제법 무겁다.

"생각만 해도 찡한 도룡마을, 그렇게 써줘요."

우리가 도롱마을에서 살았어요

마을집, 스물셋

장자순
최연창

이 집 꿀 모르면
간첩

도룡마을의 끝자락. 수풀이 우거져 굽이친 샛길을 걷다보면 힘찬 날갯짓 소리가 들려온다. 고개를 돌아보면 언덕 한가득 자리 잡은 꿀벌들의 집이 있다. 도시와 그리 멀지도 않은데 양봉이 가능할까, 하는 의문을 뒤로 한 채 나아가면 최연창·장자순 부부의 집이 보인다. "어서 들어와요." 부부는 미소를 한껏 머금고 비밀의 정원에 초대했다. 환대의 의미로 건네주시는 꿀물을 들이켰다. 우스갯소리로 도룡마을에서 이 꿀맛을 모르면 간첩이라더니, 과연 그럴만한 맛이다. 부부가 만들어낸 꿀처럼, 이들이 품고 있을 진한 인생 이야기가 궁금해졌다.

나의 결혼 상대는 교회 오빠

부부 사이에 반말이 익숙할 법도 한데, 부부는 서로에게 존댓말을 아끼지 않았다. 이들은 어디서 만나게 되었을까. 역시 옛날엔 연애결혼이라곤 찾아보기 힘들었고, 두 분의 경우도 중매결혼이었다고 한다. 아내의 첫 모습이 어땠냐는 질문에 활짝 웃으면서 '교회 여자들 중 제일 착하고 예뻤다.'고 답했다. 장자순 어르신은 어땠을까.

"우리 남편은 교회를 20년 넘게 다니고 있었고, 저는 10년 넘게 다니던 중이었어요. 그때 제가 어른들한테 그랬죠. 신랑감은 교회에서 구하겠다고. 근데 내심 이 분을 점찍어두고 있었던 거지. 하도 믿음이 굳으시고, 성실하시니까. 그건 동네 사람이 다 알 정도였어요."

흔히들 모범적인 남성상을 말할 때면 '교회 오빠'를 언급하곤 한다. 최연창 어르신은 장자순 어르신에게 '진짜 교회 오빠'였던 셈이다. 보통 중매결혼이라 하면 자신의 의지와는 다른 상대를 만나 싫어도 참고 맞춰가며 사는 경우가 허다한데, 지금껏 서로를 아끼는 모습을 보니 천상배필을 만난 모양이다. 사실상 장자순 어르신의 바람이 이루어진 중매 아닌 중매이지만.

기도를 시작한 이유

부부가 교회를 통해 연을 맺게 되었다고 하니, 어쩌다가 종교에 입문하게 되었는지 그 과정이 궁금해졌다. 무엇이 그를 움직였을까. 최연창 어르신은 일찍이 고등학교를 미션스쿨로 다녔다고 한다. 줄곧 기독교 교리에 대한 수업을 듣고, 성경을 읊곤 했지만, 그것이 가슴에 와 닿지는 않았다. 그저 난해하고 어려울 뿐이었다. 그런 소년이 청년이 되고, 군대에 들어갔다.

"제가 군대에서 좀 아팠어요. 폐결핵이었나. 보통 병도 아니고 전염병이니까 무지 힘들었죠. 누구 가까이 할 수도 없고. 그런 와중에 군대 동기가 교회를 꾸준히 가더라고요. 너무 지치니까, 함께 따라가서 예배드렸어요. 그러니까 좀 위안이 되더라고요. 그때 많이 믿음이 생긴 것 같아요."

어려울 때 의지할 곳이 필요했던 최연창 어르신에게 종교는 큰 힘이 되어주었고, 그 덕에 병마도 이겨낼 수 있었다. 제대하고 나서도 그의 믿음은 이어졌고, 그렇게 찾은 교회가 '진토리 교회'이다. 진토리라는 골짜기에 있던 조그마한 비닐하우스. 76년에 만들어져 96년 월암 IC가 들어서며 봉담으로 자리를 옮기기까지 줄곧 다녔다고 한다.

소년 시절의 아련한 추억

당시 학생들이 그랬듯 최연창 어르신도 학교를 가기 위해서는 꽤 많은 시간을 들여야 했다. 매일 6시에는 일어나, 서둘러 씻고 밥을 챙겨 먹고는 7시 전엔 등교길에 나서야했다. 당시 도롱마을에서 수성중학교까지 걸어서 다녔다고 하는데, 그 걷는 시간이 2시간은 족히 되었다. 버스가 없는 것도 아니었다. 버스를 타고 다녔으면 훨씬 여유롭게 학교에 다닐 수 있었겠지만, 차비가 없어 거의 타보지를 못했다. 소년에게는 참으로 야속했으리라. 그는 중학교로 진학한 첫날, 부모님과 함께 걸어가는 길에 다리가 아프다고 하소연했다.

"아버지, 어머니랑 중학교를 처음 갔어요. 갔다 왔는데 걸어다가 보니까 다리가 왜 이렇게 아픈지 몰라. 그래서 '다리가 아프다' 하니까 '이노무 새끼 이거 걷는데 무어가 아프냐' 하고 아버지가 냅다 쫓아와. 그렇게 도망가니까 아픈 게 생각이 안 나더라고. 그 뒤로 아무 소리도 못 하고 다녔어요."

차비를 건네주긴커녕, 아프다고 하소연한 아들을 혼낸 아버지. 항상 엄한 모습이었지만, 그를 떠올리는 최연창 어르신의 눈빛에서 그리움이 가득했다.

평일엔 학교 다니고, 학교에서 돌아오거나 쉬는 날이면 부모님을 돕기에 바빴다. 당시 농사를 지어 안양시장에 가져다 팔곤 했는데, 의왕역까지 항상 짐을 옮겨다 드리곤 했다. 매번 어머니가 짐을 드는 모습이 딱해 보였는지 아버지는 아들을 닦달해 '빨리 가서 네 짐 가져다 놓고 다시 와서 어머니 대신 들고 가라'고 했단다. 농번기 주말만 되면 품앗이 하느라 그렇게 바빴다고 한다. 이곳 끝나면 저곳으로 가고, 저 집이 끝나면 다음 집으로 넘어가고. 하루가 정신없이 흘러갔다. 그렇게 정신없이 살았지만, 싫증 한 번 내지 않고 묵묵히 부모님을 돕던 소년 시절을 보냈다.

옛 사람들은 저마다 서리를 한 추억이 있을 것이다. 당시 최연창 어르신의 집안에서는 참외 농사를 지었는데, 맛이 썩 좋은 편이라 수많은 아이들의 표적이 되었다고 한다. 이를 막기 위해 내린 특단의 조치는 초등학생이었던 최연창 어르신을 오두막에 밤새 세워두는 것. 어린 나이에 외딴 오두막에서 혼자 밤을 새고 있으려니 꽤나 무서웠다고 한다. 하지만 다행히 집안 형님이 그때마다 함께 있어주어 큰 위로가 되었다. 엄한 아버지 밑에서 자라, 어디 의지할 곳이 없던 그에게 형님은 너무나 고마운 인연이었다. 하지만 안타깝게도 얼마 전 세상을 떠나셨다고 한다. 장례식장으로 향하는 길에서 최연창 어르신은 한참이고 오두막 얘기를 장자순 어르신에게 털어놓았다고 한다.

아, 아버지!

최연창, 장자순 부부가 결혼한 지 4개월, 지병을 앓고 계셨던 어머니가 돌아가시게 되었다. 부부와 나머지 형제들은 독립하여 살고 있다 보니, 졸지에 아버지 혼자 남아 집을 지키는 처지가 되어버렸다. 장자순 어르신은 맏며느리로서 시아버지를 그냥 내버려 둘 수 없다고 생각했다.

"그걸 보니까, 아버님은 우리 책임이다 생각이 들었어요. 국하고 밥 해다가 이틀에 한 번씩 가져다 드리고, 청소랑 빨래도 해 드리고. 그렇게 왔다 갔다 했어요. 근데 아버님이 연세가 있으시니까 불을 피워놓고 솥을 태우고 그러시더라고요. 이거 안 되겠다. 들어와서 뫼시고 살아야겠구나 싶었어요."

그렇게 시작된 시집살이. 평생을 쉬지 않고 살아오신 시아버님에게 맞춰드리는 것은 보통 일이 아니었다. 매일 꼭두새벽에 일어나, 아침식사 준비하고 치우고 소 키우시는 것 도와드리고. 고단하게 하루를 시작한 뒤, 몰려오는 피로감에 낮잠이라도 자려 하면 시아버지는 귀신같이 알고 찾아와 방문 앞에서 헛기침을 했다. 시아버지에게 낮에 방에 들어가는 것은 전혀 용납할 수 없는 일이었으니, 장자순 어르신 또한 한숨 돌릴 틈도 없이 움직였다. 그 때가 둘째 아이를 뱃속에 품고 있을 때였으니, 얼마나 그 고생이 무거웠을까.

"별안간에 아버지한테 중풍이 왔어요. 3년 정도 고생하셨는데, 아버지는 누워계시면서도 운동을 해야 조금씩 낫는다는 것을 아니까, 매일 운동하시더라고요. 근데 일요일에 교회를 갔다 와보니 변 실수를 하신 걸 혼자 닦겠다고, 손에다가 물 묻혀서 닦고 다른 곳에 묻히고, 그러고 계시더라고요. 그거보고 얼마나 가슴이 아팠는지. 얼마나 힘들었겠어요. 그러지 마시라고 몇 번을 말씀드렸어요."

비극은 연달아서 찾아온다 했던가, 어머니가 돌아가신 뒤 아버지에게도 중풍이 찾아와 부부는 가슴이 미어지는 듯 했다. 어쩌면 요양원에 보내는 것이 더 편하고, 나을지도 모르겠지만 이들은 직접 챙겨드리기로 다짐했다. 치매가 있어, 정신병원에 잠깐 입원한 3~4개월간 괴로워하는 시아버지와 남편을 보고 장자순 어르신이 먼저 우리가 보살펴드리자, 제안했다고 한다. 그런 지극정성이 아버님에게도 닿았는지, 평생 엄중하게 살아왔고, 편을 들어주지 않았던 아들에게, '네가 잘못한 것 없다. 고맙다.' 라는 말을 전하기도 했다고 한다. 평생 제사를 지어온 자신이지만, 아들이 믿는 신앙도 함께 믿어보겠다며 자신의 뜻을 굽히기도 했다. 그렇게 세상을 떠나시는 날까지 부부는 항상 옆에 자리했고, 평온히 잠에 드는 것처럼, 그렇게 돌아가셨다.

1 꿀이 만들어지는 양봉통
2 교회에서 만난 두분

부부, 꿀을 빚다

아무리 농촌이라지만, 도심과 멀지않은 도룡마을에서 양봉을 하는 모습은 참 이색적으로 다가온다. 그 규모도 꽤 적지 않은 수준인데, 최연창 어르신은 어쩌다가 양봉에 손을 대게 되었을까 궁금했다.

옛 70년대, 한창 교회를 다니던 최연창 어르신에게 한 목사님이 다가와, 양봉을 배워보는 것이 어떻겠느냐 제안했다고 한다. 당시는 다양한 농법이 개발되던 시기로, 농업기술학원이라는 것이 등장하던 참이었다. 이에 추천을 받아 농업기술학원으로 향해 양봉을 배우고, 건물 옥상에서 조그맣게 취미거리와 간식거리로 먹을 만큼만, 생명을 기르며 수행하듯이 해왔다고 한다. 그러던 중 아버지가 쓰러져 옆을 지키게 되니, 자신 때문에 제대로 일을 하지 못하는 아들의 모습을 보고 아버지가 착잡함을 느꼈다. 이윽고 자신의 돈을 떼어다가 '집 옆에서 예전에 배웠던 양봉이라도 해보아라.' 주시니, 본격적으로 도룡마을에서 양봉의 길을 걷게 되었다고 한다. 그 꿀맛이 소문이 나서, 나중에는 동네에서 이 집 꿀을 모르면 간첩이라는 농담까지 돌았다.

"꿀을 잡숴본 분들은 꿀을 알아요. 이 분 인격이 그러니까. 속여서 판다거나, 꿀에다가 설탕이니 색소니 뭐니 넣고 만들지도 않고. 먹는 사람들 생각해서 좋은 꿀 만들어낼 수 있다는 게 보람이 커요. 그리고 양봉은 내가 아무리 열심히 한다고 해서 이게 되는 게 아니라, 하늘이 맞아야 하거든요. 비가 내려줘야 하고, 별도 쬐어줘야 하고, 꽃이 안 피면 못 만들고, 피었어도 비가 와버리면 못 만드는 거예요. 결국 우리가 성실하게 하면서, 하늘이 도와주니까 만들 수 있는 것 같아요."

지성이면 감천이라 하였던가, 최연창·장자순 부부의 지극함이 있기에 하늘도 도와주어 매번 좋은 꿀을 만들어낼 수 있었던 것이다.

어릴 때 혼나면서 학교 가던 추억, 교회에서 서로 확인한 사랑, 아버님에게 다한 효, 하늘이 선물한 꿀. 이들을 모두 도룡마을에 두고 떠나려하니, 부부는 결국 눈물을 감추지 못했다.

우리가 도롱마을에서 살았어요

마을집, 스물넷

한민석
최연홍

도롱마을
터줏대감 이야기

월암 도롱마을 최고령이신 최연홍 어르신 댁을 찾아뵈었다. 멀리서 본 집은 한눈에 보기에도 오랜 세월 동안 사람을 품어왔다는 것을 알 수 있었다. 한적한 길 너머로 고택이 보이고, 황구 한 마리가 꼬리를 세차게 흔들며 다가온다. 최연홍 어르신이 직접 만들었다는 투박한 개집을 바라보자니, 무심한 것처럼 보여도 내심 그 속에 품은 애정이 느껴진다.

대문을 열고 들어서면 한 쪽 벽에 빗자루 여러 개가 가지런히 걸려있다. 옛날 사람들이 만들어 쓰던 것 그대로 쓰고 있다는 말마따나, 빗자루 몇 개는 오랜 세월에 쓸려서 뭉툭해져 있었다. 바깥이 훤히 보이는 대청마루와 여기저기 자리 잡은 의자를 보니, 예전 같았으면 이 집 마당에 손님들이 북적거렸겠다 싶었다.

도롱마을 터줏대감

최연홍 어르신은 올해 88세가 되셨다. 나이가 무색할 만큼, 어르신은 혈압이건 당뇨건 일절 걱정 없다고 호언장담하였다. 한눈에 보기에도 오래된 고택이라는 생각이 들어서, 언제부터 이 집에서 사셨냐고 여쭈었더니 놀라운 답변이 돌아왔다.

"이 집이 옛날부터 오래 됐지, 아주. 내가 여기서 지금 27대 째 사는 거야. 우리 선조대부터 계속 살아온 게지. 이사도 안가고 그냥 여기서 사는 거야."

최연홍 어르신이 도롱마을 터주대감이라고 부르는 이유를 알 만하였다. 보통 3대를 거쳐서 살았다는 집도 오래되었다고 말하는데, 27대를 지켜왔다는 말씀에 놀라지 않을 수 없었다. 햇수로 따지면 무려 300년 세월이다. 물론 집이 처음 그대로의 모습을 온전히 담고 있는 것은 아니다. 이전에는 이엉을 엮어서 만든 초가집이었는데, 100여년 전 개화기 때에 기와지붕으로 바꾸었다고 한다. 최연홍 어르신이 어릴 때에는 마을에 있는 집이 대부분 초가집이었다고 한다.

"1년에 한번 씩 이엉을 엮어서 올려다 놓고 했지. 사람들이 모여서 여기 도와주고, 저기 도와주고 같이 일하면서 살았어. 지금이야 개화가 다 되어서 많이들 바뀌었지만 옛날에 내가 자랄 때만 해도 전부 초가집이어서 그게 아마 67호인가 되었을 거야. 지금이야 헐어내고 다시 짓고 기와집 짓고 하니까 많이 달라졌지."

달라진 것은 집뿐만이 아니었다. 지금이야 아스팔트가 깔린 길이 되었지만, 옛날에는 길이 좁은 데다가 비만 오면 진흙길로 변했다고 한다. 비만 오면 장화 없이는 지나갈 수 없을 만큼 땅이 질었다. '여자 없이는 살아도 장화 없이는 못 한다.'는 옛말이 괜히 있는 게 아니라며 웃으셨다. 초가집이 기와집이 되고, 그 기와집마저 신식가옥들과 공장으로 변하는 동안, 최연홍 어르신 집도 조금씩 변하기는 했지만 여전히 세월을 눌러담은 고택의 자태를 뽐내고 있었다.

물 푸던 소년

지금은 마을에서 가장 나이가 많은 어른이지만, 최연홍 어르신도 한 때는 천진난만한 소년이었다. 어르신에게 어린 시절을 묻자, 대뜸 물 이야기가 나왔다. 예전 농촌에서는 일손이 모자라 자녀들에게 학교를 다녀오면 일을 시키는 경우가 허다했다. 하지만 최연홍 어르신은 학교 가기 전에 일을 하고 갔다고 한다.

1 집앞에서
2 손때묻은 빗자루

"우리 집에서 농사를 짓잖아. 거기 논에 매일 아침마다 물을 퍼요. 논이 갈라진다 싶으면 우물에서 물을 퍼서 뿌려두고 가는 거야. 아버지가 새벽에 일어나서, '야, 학교 가기 전에 물 두고 가라.' 이러니까 내가 두레박을 천 번은 퍼 나르고서 학교 다니고 했던 거야. 꾸벅꾸벅 졸고 그랬지."

긴 막대 양 끝에 달린 물통에 물을 가득 채워 논과 우물 사이를 왔다갔다 하기를 천 번. 다 큰 어른이 하기에도 버거웠을 일을 어린 소년이 해야 했으니 얼마나 고되었을까. 그때 일한 것이 몸에 배어버렸는지 최연홍 어르신은 지금도 새벽 네 시면 일어나서 하루를 시작한다고 한다.

최연홍 어르신은 일제강점기 때 학창시절을 보냈다. 일제는 1940년대 들어서 더욱 강압적인 통치를 하여 한국어를 전면 금지했는데, 최연홍 어르신은 이때 조선말을 써서 된통 매를 맞은 적도 있다고 하셨다.
아침부터 고된 노동을 하고, 시대는 암울한 일제강점기였지만, 소년 시절의 기억이 고생과 고난으로만 가득 찬 것은 아니었다. 손수 나무를 깎아 팽이를 만들어 동무들과 마당에서 놀기도 하고, 겨울에 논이 얼면 그 곳에서 팽이를 돌리기도 했다. 연도 만들어서 띄우기도 하고, 그 맛 좋다는 도롱마을의 참외 서리도 했단다.

"남의 집 참외 따먹고 그랬지. 한 번 제끼다가 걸리면 혼나. 근데 호되게 때리고 하는 건 아니고 다시 하지 말라고 혼내는 거지 뭐. 그 집이 참 참외가 잘 익고 노랑노랑 했는데 먹고 싶단 말이지. 그러면 저녁 먹고 살살 가서 하나 둘 씩 따다가 걸리고 한 거야."

어릴 적 최연홍 어르신은 조부모와 함께 한 집에 살았는데, 사람은 많은데 방이 없어서 세 명, 네 명씩 한 방을 써야 했다고 한다. 밥 먹을 때가 되면 상 하나에 여섯이 붙어서 먹었는데, 당시 남녀를 구분한 시대 분위기와 달라 남녀 구별 없이 붙어서 나이순대로 식사했다고 한다. 그렇게 상차리기를 세 번은 해야 온 식구가 식사를 마칠 수 있었다고 한다.

철길을 달리다

최연홍 선생의 자랑거리 중 하나는 대통령 훈장이다. 철도청에서 일을 하도 열심히 잘 해왔기에 김영삼 대통령으로부터 받았단다. 어르신은 20대부터 일을 시작해 61세에 정년퇴직하기까지 부지런히 서울 본청, 대전 지방청을 오갔다고 전했다. 그의 철도인생이 시작된 것은 철도고등학교로부터였다. 50년대, 최연홍 어르신은 매일 용산에 있는 철도고등학교를 가기 위해 새벽기차를 탔다. 그때도 여전히 논에 물을 댔는데, 열차를 타고 꼬박 한 시간이 걸리는지라 그동안 밀린 잠을 채우곤 했단다. 그때 매일 부곡역으로 가서 열차를 탔는데, 옛날 그 모습이 꼭 '하꼬방' 같았다고 한다.

당시에는 고등학교도 아무나 가지 못했지만, 특히나 철도 관련 일을 하는 것이 선망의 대상이어서 전국에서 학생들이 철도고등학교에 입학하려고 몰려들었다고 한다. 최연홍 어르신 말마따나 하늘의 별 따기였다고. 그래서인지 도룡마을에서도 철도청을 다닌 사람은 더러 있어도, 철도고등학교를 나온 사람은 최연홍 어르신 혼자라고 한다.

마을 사람들의 사연을 들어보면 차비 때문에 어쩔 수 없이 학교까지 걸어서 다녀야 했다는 이야기가 적지 않았는데, 다행히 최연홍 어르신은 철도청에서 차비를 지원해주었다고 한다. 뿐만 아니라 졸업과 동시에 바로 근무할 수 있도록 여러 지원을 받기도 했단다.

"졸업 석달 전에 벌써 발령을 받아 5급 1호를 받았어. 그래서 졸업하면 바로 배치당해서 일해야 해, 직장을. 학교 다닐 적에 월급 타는 게 거짓말 같지만, 월급타고 학교 다녔어."

그렇게 시작된 철도생활은 꼬박 43년 동안 이어져갔다. 용산 철도청에서 근무하기도 하고, 대전에서 근무하다가 정년퇴직을 맞이하니 그때 나이가 61세였다.

왕년에 잘나가던 아내

최연홍 어르신이 아내, 한민석 어르신을 만난 것은 스물셋이 되던 때다. 둘은 중매로 만났는데, 어르신에게는 그때 만난 아내가 첫사랑이었다고 한다. 옆에서 이야기를 듣던 유익환 어르신도 형수가 참 예쁘고 인물이 좋았더라고 거들었다.

"형수님이 부녀회장을 30년 했어요. 정말 똑똑하시고 참 좋으신 분이야. 진짜 거의 뭐 날아다니셨지."

실행력이 좋아서, 동네에 어떤 일이 생기면 먼저 나서서 팔 걷어붙이고 도왔다고 한다. 최연홍 어르신은 자신의 아내가 특히 새마을 운동 때 마을사람들과 힘을 합쳐 마을을 가꾸는데 큰 힘을 썼다고 회고했다. '우리 마누라가 그거 하나는 이거야.' 하면서 엄지손가락을 치켜세운다. 끊이지 않고 나오는 칭찬에 아내 분의 소재가 궁금해, 조심히 질문을 건넸다. 소식을 들으니 수돗가에서 웬 물건을 씻다가 뒤로 넘어져버려, 허리를 크게 다쳤다고 한다. 병원에 입원하고 있자니 치매까지 함께 찾아와 아직까지 그곳에서 쉬고 있다고 하셨다. 금방 나아 퇴원할 것 같았지만, 어느새 4년이 지났다. 그동안 최연홍 어르신은 홀로 집을 지키며 아내를 찾아가 간호하는 일상을 보내고 있다.

1 결혼식 날
2 한민석님의 부녀회장 시절
3 철도청 근무 시절

고향 아닌 고향, 유익환 어르신이 기억하는 도롱마을

최연홍 어르신이 잠시 자리를 비우고, 옆에서 이야기를 거들던 유익환 어르신이 도롱마을에 대해 입을 열었다. 유익환 어르신은 본디 도롱마을에서 태어난 원주민은 아니다. 서울에서 태어난 그는 농촌진흥청의 일을 맡게 되면서 수원으로 거처를 옮겼다. 농촌진흥청 일을 하다가 우연히 연이 닿아 도롱마을에서 농사짓고 산 지 벌써 25년이다. 월암에서 포도농장을 경영하고 있는 그는 도롱마을이 고향은 아니지만 고향 같은 곳이라고 말했다.

"좋지. 여기만큼 좋은 동네 없어. 진짜. 동네 사람들 다 가족같아."

외지사람인 자신을 별 다른 경계 없이, 원래부터 알던 가족처럼 대해주었다는 마을 사람들 덕분에 자연스레 마을을 사랑하게 되었다는 유익환 어르신. 직장 다니면서도 이틀에 한 번씩은 꼬박 마을에 들러 인사를 나눈다고 한다. 하지만 매번 방문할 때마다 한두 명 씩 자리를 떠나, 이웃의 빈집을 바라보는 것이 참으로 힘들다고.

행복하세요?

마지막 인사를 건네기 전에, 어르신에게 도롱마을은 어떤 곳이었느냐 여쭈었다.

"이 동네? 좋다고 생각해. 살기 좋으니까. 참 살기 좋아, 이 동네가. 환경도 좋고, 풍경도 좋고, 동네가 조용하고 참 좋아요."

어르신에 말에 기록자들의 고개가 끄덕여진다. 그러던 와중, 한 기록자가 어르신에게 '행복하세요?' 라며 질문을 건넸다. 이에 최연홍 어르신은,

"좋아. 행복해. 그러니까 오래도록 살지. 이유 없이 재밌게 사니까."

정든 고향과 300년간 자리를 지켜온 집을 두고 떠나야 하지만, 최연홍 어르신은 끝까지 긍정적인 자세를 잃지 않으셨다. 그것이 장수의 비결이라고 말하는 어르신. 몸이 떠난들, 과거의 추억까지 없어지는 것은 아니다. 추억은 이야기가 되어 사람과 사이를 거쳐 미래로 이어질 것이다. 귀중한 기억을 전달해준 최연홍 어르신께 감사드리며, 앞으로도 재미있고 행복한 삶을 사시기를 빌었다.

우리가 도롱마을에서 살았어요

마을집, 스물다섯

최무준
신옥란

잘 살고 간다고
떡 해줬어

"이게 벌레가 물어서 부러져서, 내가 담가 놓은 거야. 꽃피라고."

여름날 햇살 아래, 빨간 고무대야 안에 한가득 담긴 물과 그 안에 잠겨있는 꽃가지를 가리키며 어르신이 환히 웃었다. 도룡마을길 74-6번지. 집 앞에 소박하게 자리하고 있는 밭이며, 수많은 화분과 꽃나무들로 가득한 마당이 눈에 띄게 아름다운 집. 허옇게 벗겨진 슬레이트 지붕과 옅은 상아색으로 빛나는 벽 사이로는 오래된 농기구들이 걸려있는 것이 보이는 이곳이 바로 신옥란 어르신의 집이다.

신랑에게 홀랑 속았다

"내가 안 산다고, 시골서 안 산다고 그래서 왔었는데. 여기서 잡혔어, 그냥. 우리 신랑이 사기 쳤어."

스물넷이라는 꽃처럼 곱던 아가씨 시절. 군포에서 태어나 서울 영등포에서 살다가, 남편인 최무준 어르신과 만난 신옥란 어르신은 남편의 고향인 이 도룡마을로 시집을 오게 되었다. 시골에서는 살기 싫다고 그렇게 이야기를 했는데, 신랑에게 속아 결국 이 마을 한 켠에 44년이나 자리를 잡고 살아오게 되었다고 푸념하는 신옥란 어르신은 서울 수도권에서 살던 도시 아가씨다운 새침함이 있었다.

"'진짜 안 살아, 여기서 안 산다.' 그래서 왔어요. 살림나는 조건으로. 근데 와 보고 나니까 그게 아니잖아."

이사를 하고 동네에 들어서고 보니 처음 남편에게 들었던 이야기와는 전혀 다른 생활이 펼쳐졌다. 도룡마을은 수성 최씨 집성촌으로도 널리 알려진 마을이기도 해서, 동네 사람들이 대부분 한 다리 건너 가까운 가족이었다.

"우리 신랑은 몇 살까지인지는 모르는데. 하여튼 IMF때였나, 98년. 직장 다니다가 농사지었지."

집안에서 쌀농사도 하고, 밭농사도 조금씩 지었다고 했다. 집에는 시어머니와 시아버지, 그리고 그 밑으로 시동생이 둘이 있었고, 가족들이 다 같이 모여 살다보니 그녀는 자연스럽게 시집살이를 해야 했다. 맨 처음 마을을 보았을 무렵에는 싫은 마음이 들었다고 했다. 시집살이를 하며 힘들고 눈물 나는 날도 많이 있었을 것이다. 신옥란 어르신은 자신이 늙은 것은 시집살이 탓일 것이라며 웃었지만, 젊었을 적부터 미인이었을 그 얼굴은 지금도 무척이나 고운 그대로였다.

이 꽃들하고 같이 살았어, 그래서 먼 데는 못가겠더라고

"그래도 여기, 이 동네 사는 것이 좋았지. 서울도 가깝고, 여기가 정말 좋은 데야."

오래도록 기억에 남을 마을이라고 하였다. 그런 동네가 사라진다고 하니 깊은 아쉬움이 앞섰다. 44년이란 시간은 결코 짧은 세월이 아니었다. 그것은 어르신 자신이 이 동네와 함께 부대

1   2020년. 집앞에서
2   뒷문에 장미가 예쁘게 피었다
3   자라나는 텃밭

끼며 살아온 추억을 가리키는 시간이기도 했다.

"아쉽지, 여기서 늙었는데. 이제 아쉬움이 많지 좀. 이 꽃들 하고 같이 살았어. 더 살아야하는데, 내가 먼 데는 못가겠더라고."

처음 인사를 나눌 때부터 꽃을 좋아한다고 웃은 어르신은 우리에게 마당 앞에 한 가득 핀 꽃과 나무들을 하나씩 꼽아가며 소개를 해주기 시작하였다. 강낭콩, 조롱박, 이름 모를 들꽃부터 화려하게 피어있는 백일홍 등. 다양한 종류의 작물들과 꽃들이 아름답게 마당과 집 주변을 장식하고 있다.

"이사를 아파트로 가니까, 다 두고 가야지. 어떻게 가지고 가요."

예쁘게 자라난 꽃나무들을 전부 다 가지고 갈 수 없는 것이 못내 아쉽다고 하며, 신옥란 어르신이 한숨을 내쉬었다.

"이사한 곳이 집은 예쁘고 좋은데, 멀리 떨어지기가 그렇더라고. 그런 것도 아쉽고, 좀 그렇더라."

신옥란 어르신이 차마 가져가지 못하고 남겨놓을 꽃들이 한동안 이곳에서 곱게 피어 있을 것이다. 마치 어르신이 남겨놓은 아쉬움이 꽃피기라도 한 듯 마당 곳곳을 지키고 있을 것 같았다.

잘 살고 간다고 떡 해줬어

몇 번이고 수리하고 고쳐 써왔다는 오래된 집을 돌아보면서 신옥란 어르신이 말했다. 이 마을과 함께한 추억을 두고서 멀리 갈 수 없겠구나하고 생각했다며 웃었다.

"잘 살고 간다, 떡 해줬어."

이제는 떠나야할 마을과 그동안 함께 고생해온 집을 위해 직접 떡도 해 올리셨다고 한다. 헤어지는 데에도 정성이 필요한 법이다. 정성을 다해 살고, 가꾸고, 또 떠나는 이 과정이 마치 하나의 성스러운 의례를 보는 것 같아 마음이 저려왔다.

오·래·된·앨·범

강옥란

오·래·된·앨·범

조병관 · 권오분

월암2동 노인회 야유회 2006. 4. 7

오·래·된·앨·범

최철준 · 안종희

오·래·된·앨·범

✳

윤명수 · 강영자

오·래·된·앨·범

✳

최병복·이숙자

오·래·된·앨·범

조태환

조태환님의 아버님께서 돌아가신 날

오·래·된·앨·범

도병수

도병수님의 어머님께서 돌아가신 날

오·래·된·앨·범

최건철

오래된 앨범   최건철

오·래·된·앨·범

최철준·안종희

오·래·된·앨·범

한길순

오·래·된·앨·범

도희정
(전인순씨 딸)

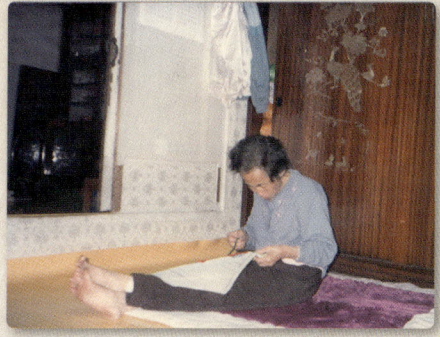

오래된 앨범   도희정

둘. 나의 살던 고향은 꽃피는 산골

오 · 래 · 된 · 물 · 건 · 이 · 야 · 기

미싱가위 1970~80년

재질 : 금속
크기 : 제법 큰 가위
소장자 : 최연홍, 한민석 부부

"이건 미싱가위야. 아주 잘 들어. 지금도 쓴다고."

최연홍 어르신 할머니께서 물려주셨다고 한다. 50년 된 가위지만 워낙에 잘 만들어져서인지 아직도 잘 쓰고 있다. 한쪽 끝이 살짝 달아난 것 외에는 처음 모습을 거의 그대로 유지하고 있다.

현판 미상

재질 : 나무
크기 : 출입문 위에 딱 맞는 크기
소장자 : 최찬덕, 박혜연 부부

"물고기는 물에서 뛰고 새는 하늘을 난다는 자연의 이치를 뜻하는데, 우리 동네를 비유해서 쓴 글이라고 전해 들었어요."

연비어약(鳶飛魚躍)이라고 쓰인 현판이다. 증조할아버지대부터 내려온 물건이다. 하늘에 솔개가 날고 물속에 물고기가 뛰노는 것처럼 만물이 저마다의 이치에 따라 자연스럽게 살아가면 천지의 조화를 이루게 되는 것이 자연의 오묘한 도(道)라는 뜻. 아름다운 자연 속에서 평화롭게 살았던 도롱마을을 떠올리기에 충분한 말이었다.

찬합 1970년 즈음

재질 : 스텐
크기 : 한 끼 충분히 먹고 배부를 만큼 크다
소장자 : 최철준, 안종희 부부

안종희 어르신이 아들 운동회나 소풍 때 도시락을 담았던 찬합이다. 재잘거리면서 이 찬합을 열고 도시락을 먹었을 광경이 떠오른다.

금고 1970년 즈음

재질 : 금속
크기 : 벌어서 한번에 가득 채워본 적은 없는 크기
소장자 : 한길순

"점포 할 때도 이거 썼지. 동생이 선물로 사준 거야."

한길순 어르신 큰 아들이 도룡마을에서 점빵을 할 때 썼던 금고다. 몸이 불편했던 아들이 마음을 잡고 운영하길 바랐다. 그래서 꼭 돈이 아니라도 살아갈 의지가 금고에 채워졌으면 하고 바랐을지도 모르겠다.

달력 2017년~2020년

재질 : 종이
크기 : 날짜를 알아보고 연락처 같은
　　　메모를 할 수 있는 크기
소장자 : 도종길, 박영옥 부부

오래된 달력들을 버리지 않고 위에 쌓듯이 걸어두었다. 통장 전화번호도 적어놓고, 유기질 비료 산 곳과 날짜도 기록해두었다. 작은 달력은 글자가 작아서 알아보기 힘들어서 큰 글씨를 덧씌워서 썼고, 요일표시도 한글로 바꿔서 적었다. 이발한 날짜, 양수기 구입한 날, 병원다닌 날 등을 빼곡하게 기록하여 두었다.

키 미상

재질 : 고리버들, 나무
크기 : 키질하기 좋은 크기
소장자 : 조경환, 최길순 부부

곡식을 담거나 쭉정이 등을 골라내는 데 썼다. 곡식을 담아서 까부르면 가벼운 쭉정이는 바람에 날아가거나 앞에 남고 무거운 알곡은 뒤에 모인다. 조경환 어르신 댁에 있는 키 중에 하나는 한지를 덧씌워 발랐다. 탈곡할 때 이 키를 받쳐놓고 쭉정이는 날리고 알곡을 받았다고 한다. 어릴 때 이부자리에 오줌을 싸면 이 키를 머리에 뒤집어쓰고 이웃집에 소금을 얻으러 다녔다.

한 발 손수레 미상

재질 : 철, 플라스틱, 고무
크기 : 물건을 가까이 옮기기 좋은 크기
소장자 : 도진수, 신숙경 부부

농사짓는 집에 필요한 것 중에 하나가 바로 한 발 손수레다. 바퀴가 하나 달려있고, 앞쪽에는 받침대가 두 개 달려 있어서 울퉁불퉁한 곳에 세워놓아도 삼발이처럼 쉽게 넘어지지 않는다. 수확한 작물이나 비료, 거름 같은 것을 비교적 가까운 곳으로 옮길 때 썼다. 담벼락에 나란히 주차해둔 모습이 인상적이다. 언제 다시 밭으로 나갈 수 있을까.

항아리 1940~50년

재질 : 흙(도자)
크기 : 어른이 한 아름으로 안을 정도
소장자 : 윤명수, 강영자 부부

"젤 오래된 거야. 뚜껑 찌그러진 거 있지."

윤명수 어르신의 할머니부터 어머니를 거쳐 지금은 아내가 주로 쓴다. 이 집에서 제일 오래된 물건이라고 한다. 너무 오래되니 단단했을 도기의 뚜껑이 휘었다.

건구레 1990년

재질 : 대나무
크기 : 무쇠솥에 들어가는 크기
소장자 : 이범식, 이송자 부부

바깥 아궁이에서 떡이나 다른 음식을 찔 때 쓴다. 이송자 어르신이 시집와서 50살이 되었을 즈음에 만들었다. 얼기설기 만든 것 같지만, 무쇠솥에 딱 맞는 크기로 만들어져서 다른 것으로 바꿀 수 없다. 오랫동안 써서 중간중간 다른 나무를 덧대었다.

가마솥 <small>처음 시집오기 전부터 있었다</small>

재질 : 무쇠
크기 : 여기에 밥하면 동네 일꾼들 다 먹일 정도
소장자 : 조경환, 최길순 부부

"여다가 우리 가족 식구들 맥일 거 다 만들고 그랬지. 동네 일꾼들이 여기 밥맛이 좋다고 막 찾아오고도 그랬어."

최길순 어르신이 시집오기 전부터 있던 가마솥이라 언제 만들어졌는지 정확하지 않다. 대를 이어 쓰면서도 동네에 이 집 밥이 맛있다고 소문이 자자할 만큼 찰진 밥맛을 자랑했다.

미싱 <small>1970년 즈음</small>

재질 : 쇠, 나무 등
크기 : 일반적인 미싱 크기
소장자 : 최건철

젊었을 때 아이들 옷도 만들어 입히고, 남편과 집안 식구들 옷도 만들었다. 헤어진 옷을 수선하기도 했다. 사람만큼 낡았는데 딸이 가져갈 예정이라고 한다.

마을회관 앰프와 마이크
1980년대 이후 추정

재질 : 금속 등
크기 : 마을 전체에 소식을 전할 수 있는 크기
소장자 : 도룡마을회관

"아, 아! 주민여러분께 알려드립니다."

주로 마을이장님이 방송을 했다. 봄가을에는 산불조심, 여름에는 태풍을 대비하여 주시기 바랍니다, 하고 의왕시 전달사항을 전하기도 했다. 마을에 누군가 상을 당하면 누구누구 집에 어르신이 돌아가셨으니 함께 마음을 모아서 위로해 달라고 하고, 마을에 잔치할 일이 있으면 신이 나서 방송하기도 했다. 전임 마을이장님 때부터 써 왔는데 그동안 앰프는 몇 번 바꿨고 마이크는 처음 산 그대로라고 한다.

보관함이 된 약통 미상

재질 : 철
크기 : 뭔가 넣어두기 좋은 크기
소장자 : 최연홍, 한민석 부부

나이가 들어 소화기능이 떨어지거나 소화기관이 약해져서 위장약을 먹게 된다. 나날이 먹게 되는 약이 늘어나고, 먹고 남은 빈 통은 소소한 물건들을 넣어두거나 정리함으로 쓰인다. 저 보관함 안에는 무엇이 들었을까.

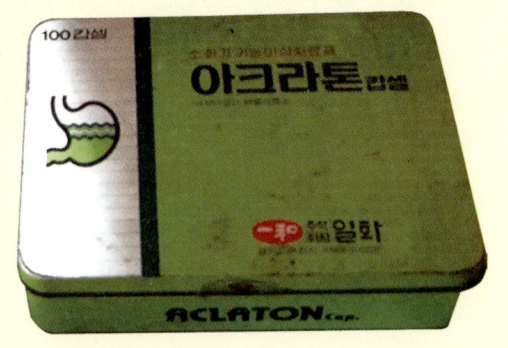

'하면 된다' 액자 미상

재질 : 나무에 자개
크기 : 보고 있으면 용기를 얻을 크기
소장자 : 조규환, 김은희 부부

누구나 어렵고 힘들었던 시절, 삶의 목표를 정하고 이를 이뤄내는 일은 대단히 중요했다. '하면 된다'는 글귀가 적힌 액자는 그 시절 아주 많은 사람들이 집에 걸어두고 용기를 얻었던 물건들이었다. 조규환 어르신은 산불감시원, 외양선 선원도 하고 농사도 지었다. 너무 고생을 해서 기억하고 싶지도 않을 정도였단다. 그래도 '하면 된다' 이 글을 보면서 용기를 얻었을 것이다. 이제는 또 새로운 용기를 얻으시기를!

어머니가 모아두신 단추들
미상

재질 : 플라스틱, 철 등
크기 : 각자 필요한 단추 크기
소장자 : 조규환, 김은희 부부

어릴 때 생각나는 건 늘 배고픈 기억뿐이었다. 어머니는 농사짓느라 늘 바쁘고 힘들었는데, 여기저기 단추들이 보이면 모아두었다가 남편이나 아이들 옷에 단추가 떨어져 없어지면 이 통을 뒤져서 제일 어울리는 걸로 골라서 달아주곤 했다.

가족사진액자
2000년 이전

재질 : 나무 액자에 사진
크기 : 가족을 한 눈에 담을 수 있는 크기
소장자 : 조규환, 김은희 부부

부인을 일찍 만났으나 나이 마흔에 결혼해서 올해 예순이 되었다. 딸은 중국에 가 있어서 자주 볼 수 없다. 월암에서 태어나 살았고, 결혼했다. 송진을 긁어 먹는 배고픈 시절을 보냈다. 사진에는 그런 고달픔이나 어려움은 드러나지 않는다. 다만 그 세월을 이기고 함께 살아온 가족의 얼굴이 남아있다.

오래된 삼성 에어컨
미상

재질 : 철 등
크기 : 방 하나를 충분히 시원하게 해 줄 크기
소장자 : 최건철

조상 대대로 살면서 몇 번 고쳐지었다는 이 집은 최건철 어르신 증조할아버지께서 지으신 집이다. 오래된 고택의 모습 위에 각 시대의 모습이 덧입혀져 있다. 고택 한 켠에 설치된 에어컨이 그랬다.

온도계 1991년

재질 : 플라스틱, 유리 등
크기 : 온도를 정확하게 알 수 있는 세밀한 크기
소장자 : 최건철

옛날 농사짓는 집에는 다들 집안에 온도계가 하나씩 있었다. '새질서 새생활 전국 최우수 수상 기념'으로 당시 수원시에서 나눠준 것으로 보인다. 도룡마을은 1949년 수원군이 수원시로 승격하면서 화성군 반월면 소속이었다가 이후 시흥군, 다시 의왕시로 행정구역이 개편되었다. 이 온도계가 만들어진 1991년에 월암 도룡마을은 의왕시에 속했다.

터줏가리 2019년

재질 : 새, 볏짚
크기 : 옹기나 질그릇의 크기보다 조금 크거나 딱 맞는 크기
소장자 : 최건철

터줏가리는 옹기나 질그릇 단지에 벼를 담고 뚜껑을 덮은 다음 그 위에 원추형 모양의 짚을 틀어 엮어 씌운다. 매년 가을 수확 이후 햇벼로 갈아 넣는다. 묵은 벼는 가을떡을 쪄서 터주고사에 올린다. 묵은 터줏가리는 태우고 새로 터줏가리를 엮어서 덮는다. 작년에 추수해서 직접 새로 터줏가리를 엮은 것이라고 한다. 최연홍 어르신 댁 뒤란에 모셔져 있었다.

빗자루 미상

재질 : 수수, 싸리 플라스틱 등
크기 : 쓴 세월에 따라 달라진 크기
소장자 : 최연홍, 한민석 부부

싸리로 만든 것은 집에서 만들었다고 한다. 오랜 세월 쓴 빗자루는 뭉툭하게 끝이 닳아있다. 최연홍 어르신은 옛날 사람이라서 새벽 3시 반이면 일어나서 활동하신다고 한다. 동네에서 제일 부지런하고 제일 깔끔한 분이라고 옆에 계신 유익환 어르신이 알려주신다.

공구함 미상

재질 : 철, 나무
크기 : 미장 등을 펴 바르기 좋은 크기
소장자 : 조경환, 최길순 부부

시골집은 공구가 많다. 전문가를 불러서 일을 시킬 형편도 안 될뿐더러 간단한 집안 수리나 농사일 관련한 수리는 대부분 집안이나 마을 안에서 해결해야 할 경우가 대부분이다. 미장할 때 쓰는 흙손 종류도 몇 가지가 보이고, 톱이나 망치, 끌, 도끼도 보인다.

탕개톱 미상

재질 : 나무, 철
크기 : 두 사람이 마주보고 잘라야 하는 크기
소장자 : 조경환, 최길순 부부

탕개톱은 넓은 판재를 자를 때 쓰는 톱이다. 양쪽에서 두 명이 맞잡고 켜야 한다. 조경환 어르신이 옛날에 직접 쓰던 톱이다.

도리깨 미상

재질 : 나무, 철, 새끼줄
크기 : 휘두르기 알맞은 크기
소장자 : 조경환, 최길순 부부

도리깨는 주로 콩을 두들겨서 터는 데에 썼다. 수확한 콩을 늘어놓고 도리깨질을 하면 아래로 콩이 우수수 떨어진다.

메주틀 1980년 즈음

재질 : 나무
크기 : 메주 만들기 딱 맞는 크기
소장자 : 강옥란

같은 동네에 살던 한용택 할아버지가 직접 만들어 주셨다. 강옥란 할머니께서 이 메주틀을 가지고 지금껏 메주를 만들어왔다. 40년 동안 쓸 정도로 딱 알맞은 크기로 잘 만들어졌다. 그동안 만든 메주만 해도 어마어마한 세월 동안 식구들을 먹여 살렸을 것이다.

쉼터 아버지대부터 있었다

재질 : 나무, 바람, 풀, 돌, 흙
크기 : 땀 흘리고 일하다 쉬기 좋은 곳
소장자 : 도룡마을

"아버지가 농사짓고 힘들 때마다 여기 올라와서 쉬고 그랬거든. 경치 좋잖아. 이젠 내가 여기 와서 농사짓고 쉬는 거지 뭐."

일하다 지치고 힘들 때 잠깐 쉴 수 있는 그늘과 그 속에서 바라보는 풍경과 바람이 모두 선물 같은 곳이다. 아버지에게 물려받은 건 어쩌면 땅이 아니라 힘들여 농사짓는 일과 그 가운데 잠깐 쉬면서 바라보는 풍경 같은 것은 아니었을까?

도자 제기 1970~80년도 사이

재질 : 흙(도자)
크기 : 제사 음식 놓기 적당한 크기
소장자 : 도진수, 신숙경 부부

"시집오니까 시어미니가 요 제기로 제사를 올리시네요. 남들은 나무로 된 거 쓰는데, 여긴 도자기로 만들었더라고요."

대를 이어 쓰는 제기다. 제사를 지내는 마음이 그렇겠지만, 특이하게도 도자기로 만들어져서 쓸 때마다 조심스럽다.

연자방아 알 수 없을 정도로 오래 되었다.

재질 : 돌
크기 : 이렇게 큰 걸 어떻게 굴렸을까 할 정도
소장자 : 월암교회

언제부터인지 알 수 없을 정도로 오래 전부터 조상님들이 사용했다고 한다. '누가 쓰시던 거예요?'라고 물으니 '조상님!'이라는 대답이 돌아왔다. 지금은 쓰임을 잃고 교회 마당 한구석을 장식하고 있다.

쟁기 미상

재질 : 나무
크기 : 논 쓸기에 알맞은 크기
소장자 : 최찬덕, 박혜연 부부

논쓰리고 할때 사용했는데, 아이들 클때도 지금 외양간 자리에 소가 있었고, 쟁기를 사용했다.

멍석 미상

재질 : 짚
크기 : 곡식 말리기에 알맞은 크기
소장자 : 최찬덕, 박혜연 부부

"우리 어머니 아버지가 한겨울에 하나씩 만들었어요."

풍로 미상

재질 : 나무
크기 : 불붙이기에 충분한 크기
소장자 : 최찬덕, 박혜연 부부

상자 미상

재질 : 철, 나무
크기 : 서류를 보관하기에 알맞은 크기
소장자 : 최찬덕, 박혜연 부부

"아버님이 서류를 담아뒀던 상자인데 지금은 아무것도 없어요."

텔레비전 1950년대

재질 : 나무
크기 : 그 시절의 추억을 고스란히 담고있는 크기
소장자 : 최찬덕, 박혜연 부부

"우리 집안 구석에 안쓰는 물건들이 있었는데, 내가(최혜연) 이 다음에 집안 물건으로 박물관 만드는 것이 꿈이 있어서 소장을 했던거지. 식당할때 사람들한테 엄청 인기가 많았어요. 특히 40~50대 분들께 텔레비전 가리는 여닫이 문도 있고 해서."

남편 최찬덕님이 초등학교 1~2학년때 샀다.

제기 미상

재질 : 쇠
크기 : 제사용도로 딱 맞는 크기
소장자 : 최찬덕, 박혜연 부부

거울 미상

재질 : 유리, 나무
크기 : 얼굴을 비추기 좋은 크기
소장자 : 최찬덕, 박혜연 부부

촛대 미상

재질 : 나무
크기 : 제사용도로 알맞은 크기
소장자 : 최찬덕, 박혜연 부부

집안 제사용도로,
지금도 사용하고 있다.

오래된 물건 이야기

갓 미상

재질 : 양단, 마
크기 : 머리에 딱 맞는 크기
소장자 : 최찬덕, 박혜연 부부

외양간 도구 미상

재질 : 나무, 짚
크기 : 외양간에서 사용하기 좋은 크기
소장자 : 최찬덕, 박혜연 부부

소쿠리 미상

재질 : 짚
크기 : 담기에 충분한 크기
소장자 : 최찬덕, 박혜연 부부

전화기 미상

재질 : 쇠, 나무 등
크기 : 옛날 영화에 나오는 전화기 크기
소장자 : 최찬덕, 박혜연 부부

박혜연씨가 쓰던 전화기.
뚜껑을 열면 숫자판이 나온다.

청사초롱 미상

재질 : 쇠, 나무 등
크기 : 어두움을 밝게 밝혀주는 크기
소장자 : 최찬덕, 박혜연 부부

청사초롱인데 두 짝 다 보관하고 있다.

여행가방 미상

재질 : 가죽, 철, 나무
크기 : 여행가기에 알맞은 크기
소장자 : 최찬덕, 박혜연 부부

시루 받침 미상

재질 : 나무
크기 : 받침하기 좋은 크기
소장자 : 최찬덕, 박혜연 부부

미싱 미상

재질 : 쇠, 나무 등
크기 : 일반적인 미싱 크기
소장자 : 최찬덕, 박혜연 부부

"시어머님이 쓰시던 물건이고 남편이 학교 다닐때 재봉틀로 옷을 직접줄여 입기도 했어요. 브라더 미싱인데 지금도 사용 가능할 꺼예요."

오래된 물건 이야기

말 편자 2005년 즈음

재질 : 철
크기 : 휘두르기 알맞은 크기
소장자 : 윤명수, 강영자 부부

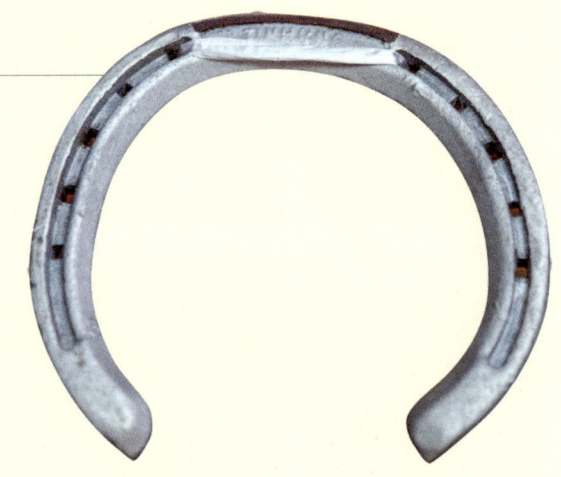

말의 발굽에 박아 넣는 편자. 딸이 15년 전 즈음에 경마장에서 일하다가 얻어왔는데, 집에 걸어두면 행운이 들어온다고 해서 문 입구에 걸어두었다.

메주 매년

재질 : 콩, 새끼줄
크기 : 메주틀에서 꺼낸 크기
소장자 : 윤명수, 강영자 부부

매년 마을에서 직접 기른 콩을 삶아서 밟아 으깨어서 메주틀에 넣어 모양을 잡아 만들었다. 다 만들어진 메주는 새끼줄로 얽어서 바람이 잘 통하는 곳에 걸어두어 발효시킨다. 매년 직접 메주를 만들고 장을 담았는데, 이제 필요한 장들을 어떻게 해야 할지 걱정이다.

보일러 조절함 2010년 즈음

재질 : 철, pvc, 플라스틱 등
크기 : 각 방을 따뜻하게 해 줄 크기
소장자 : 윤명수, 강영자 부부

집에 보일러를 설치하고 혹시나 뜨거운 곳에 닿아서 다칠까봐 함을 만들었다. 각 방에 들어가는 보일러관에 이름을 붙여두어 사람이 들고날 때 끄고 켤 수 있게 해 두었다. 덕분에 식구들이 따뜻하게 지낼 수 있었다. 이 집의 따뜻한 온기가 식구들을 돌봐주었을 것이다.

벽시계와 제비집 미상

재질 : 플라스틱, 철, 유리, 나무 등
크기 : 충분하게 각각 시간과 계절을 알려줄 크기
소장자 : 최철준, 안종희 부부

안종희 어르신은 워낙에 깔끔한 성격이라 집안에 파리가 앉다가 낙상할 정도라고 한다. 먼지 하나 없이 깨끗하게 닦인 시계 위에 제비가 집을 지었다. 부스러기가 떨어지지 말라고 한 건지, 제비 새끼가 떨어질까봐 그랬는지 알 수 없지만 제비집 밑에 나무판자를 하나 덧대어 놓았다. 아마도 시간과 계절을 알기에 충분했으리라.

오래된 물건 이야기

셋

마지막 농사를 짓다

마지막 농사를 짓다

**2020년 5월 21일,
도룡마을의 마지막 모내기가 있었다.**

뜨거운 여름 햇살이 내리쬐는 가운데,
마을 사람들은 너나 할 것 없이 논밭 근처에 몰려들어
안부를 묻고, 서로의 일을 돕고 있었다.
이앙기(모 심는 기계)가 논을 가로지르며 꽁무니 사이로
줄을 맞춘 듯 모를 심고 있었고,
논 바깥에서는 분주히 빈 모판을 옮기고 있었다.
말하지 않아도 착착, 각자 할 일을 도맡아 나누는 모습이
오랫동안 손발을 맞춰온 동네 사람들다웠다.

이야기 1

힘들긴,
매년 그랬었지

의왕 월암에 자리 잡은 자그마한 동네 도롱마을. 마을 사람들은 대부분 이곳에서 나고 자라서 논과 밭에서 땀 흘려 농사지으며 산다. 이른 아침, 트랙터 하나가 털털거리며 논밭으로 간다.
아침 먹을 새도 없이 바쁘게 논밭으로 나왔다는 마을주민께 인사를 건넸다. 농사일이 힘들지 않으시냐고 했더니 밀짚모자를 눌러쓴 어르신 한 분이 "힘들긴, 매년 그랬었지."하고 답하신다. 이것이 마지막 농사라며 서로 이야기 나누면서 씁쓸하게 웃으신다. 올해 80세. 남들보다 조금 일찍 농사를 지었다는 이범식 어르신께 올해 무엇을 심었냐고 물었다.

"머윗대랑 부추 했지. 고추랑 오이도 심고, 단호박도 심고. 여러 가지 심었지. 머위는 시방 지금 이 철에 나가야 되는데, 이번에 코로나도 있고 잘 안 나갔어. 저 너머에 있는 사람보고 머위 파는 거 어떻게 됐냐 했더니, 어떤 때는 가져오라 그러고 해가지고 가면 내일은 해오지 말고 그런다 하더라고."

마을을 떠나기 아쉽다고 하시는 이범식 어르신은 40년 전에 마을에서 제일 먼저 하우스를 지었고, 도깨비시장을 제일 먼저 열었던 분이라고 한다. 도롱마을에 처음 하우스를 짓자 동네 사람이 모두 놀랐다고 한다. 그때까지만 해도 모든 것이 순조로울 줄 알았다. 하우스에서 어떤 농작물을 어떻게 기르는지 잘 몰라서 무작정 오이를 기르기 시작했는데, 전부 실패하는 바람에 고생을 많이 했다고 하신다. 그래도 친구가 살던 산본리에서부터 무거운 리어카에 오이를 한가득 싣고 오가던 힘든 기억이 새록새록 떠오른다고.

"옛날에는 손으로 논밭 내고, 모를 내는데도 사람을 써야 했지. 여기는 부곡 사람들이 와서 모를 냈고, 거기는 수원 사람들이 들어와서 모를 냈다고. 사람들이 한 번에 들어오면 20명, 30명. 논에 따라서 일할 사람을 맞추는 거야. 나 오늘 몇 명 필요하다 그러면 오야지가 그러냐 하고, 며칠 낸다. 그래서 사람 데리고 오는 거지. 아침참부터 점심, 저녁참 해서 주고, 품값 줘서 그날 보내고."

농사 이야기

동네에 오래 산 몇 집이 그렇게 사람을 써서 농사지었다고 한다. 이범식 어르신도 어렸을 적엔 하루 세끼는커녕 하루에 아침, 저녁만 챙겨먹었는데, 농사짓고 사람을 쓸 때는 삼시세끼 참을 챙겨 먹었다고 한다. 농기계들이 나오기 전까진 직접 소를 끌고 모를 내고, 논을 전부 호미로만 매고 파냈다.

"나중에 경운기가 나와 가지고 그거 쓰다가 트랙터가 나온 거지. 그 전에는 또 소 가지고 농사지었고."

지금은 기계를 써서 농사짓는 것이 아주 편해졌지만, 여전히 손으로 직접 농사짓는 부분이 많다. 이범식 어르신은 바로 얼마 전만 해도 부인과 함께 고추를 떠 매다가 왔다고 하셨다.

"고추가 좀 손이 많이 가고 힘들어, 고추가. 또 그거 따가지고 말려야지. 따고 말리는 게 보통 힘든 게 아니라고, 그게. 옛날에는 다 마당에다 말리고 그랬는데, 시방은 건조기로 다 말리지. 마당에다 하면 안 돼요."

고생은 많지만, 농사일이라는 것이 그만두기가 쉽지가 않다. 거의 평생을 농부로서 살아온 이범식 어르신은 이렇게 말했다.

"나야 여기서 죽을 줄 알았더니, 나가라 그러니까 나가긴 하는데, 할 수 없는 거지, 뭐."

누군가의 식탁 위로 오를 쌀과 농작물을 지으면서도 이런 마음은 안 들었는데, 평생을 살 줄 알았던 마을을 떠나 나가려니 섭섭한 마음이 앞선다고 하신다.

이야기 2

새참을 나누며 듣는
옛 농사 이야기

점심 무렵이 되어 근처에 세워둔 트럭 짐칸 위로 새참이 차려졌다. 동네 사람들이 술 한 잔 걸치며 몰려드니, 방금 전까지 열심히 일하던 논밭 주변은 금세 북적한 시장통이 되었다. 바삭하게 구워진 해물전과 시원한 막걸리 한 잔, 고소한 떡까지 차려놓으니 완연한 잔칫집이 열린 것 같다. 열심히 일하고 난 뒤 먹는 새참이라 진수성찬이 부럽지 않다.

"농사 평생 지었지."

새참을 먹으며 농사를 언제부터 지었냐고 묻자, 조규환 어르신이 먼저 웃으며 대답했다. 도룡마을은 대부분 전업농이었다고 한다. 동네에서 가장 농사를 잘하는 것으로 유명하다는 그도 올해 마지막 농사를 짓는다고 한다. 여기서 쫓겨나서 수안보로 간다는 어르신의 얼굴에도 떠날 수밖에 없는 상황에 대한 답답함과 아쉬움이 보인다.

"옛날에는 집집마다 돌아가면서 서로 온갖 일손을 끌어 모아다가 일을 했었지."

술이 담긴 종이컵을 입가에 가져가며, 최병복 어르신이 이야기 하신다. 옛날에는 지금처럼 멀끔하게 깔린 시멘트 길도 없었단다. 눈비가 오기라도 하는 날이면 발이 푹푹 꺼지기 십상인 흙길뿐이던 시절. 지금은 흔히 볼 수 있는 자동차는커녕, 마차 같은 것도 눈 씻고 찾아봐도 없던 자그마한 시골 촌 동네가 바로 이곳, 도룡마을이었다.

농사짓고 벼를 논두렁에 말리는 것은 평상시 흔하게 볼 수 있는 풍경 중 하나였다. 다 마른 것들은 전부 지게에 지고 직접 날랐다. 건장한 동네 청년들이 지게를 지고, 밤이면 열댓 명이나 되는 사람들을 모아다가 벼를 따러 몰려다니고는 했다고 한다.

"그래가지고 타작을 하는 거여. 다 쌓아놓은 다음에 품앗이에다가 타작을 하는 거지. 발로 밟으면서."

마을에 남아있는 연자방아와 디딜방아는 밭을 맬 때마다 동네 사람들이 함께 쓰는 모두의 살림살이였다고 한다. 농사로 고생하던 이야기를 이어가고 있으니 옆에서 다른 어르신이 불쑥 말씀하신다.

"그렇지만 지금은 농사래도 논에 들어갈 일이 없어요!"

지금은 기계가 싹 해주지만, 그때는 일일이 손으로 작업을 하며 땀을 흘리는 수밖엔 없었다. 동네 사람들이 땅을 매면 호미가 두 개씩은 닳았다고 한다. 거짓말처럼 들릴지도 모르지만, 그때는 한 번 하면 민족대이동에 버금가는 험난한 일이 바로 농사였다고 한다.

"옛날에는 손으로 농사를 시작한다고 하면 못자리를 가서 재하고 인분하고 주물러서 못자리를 해야 해. 판판이. 물 붓기 전에 다 친다고. 품앗이해서 논을 했어요."

340 셋, 마지막 농사를 짓다

농사 이야기

이야기 3

둘이 먹다 하나가 죽어도 모를, 월암오이

"밭농사는 감자, 오이, 옥수수 이런 거 짓죠. 여기 오이가 옛날 조선오이에요."

농사 이야기를 한다면 둘이 먹다 하나가 죽어도 모를 정도로 맛있다는 월암오이를 빼놓을 수 없다. 길이가 짧은 옛날 조선오이인 월암오이는 씨를 받아 모종을 심어가지고 그걸 계속 이어오고 있는, 나름 유서 깊은 혈통의 오이라고 한다.

"정말 맛있어, 오이가. 이 오이 먹으면 다대기 오이나 그런 오이를 못 먹어요. 여기 오이 먹으면."

둘이 먹다가 하나가 죽어도 모를 만큼 맛있다는 오이는, 이야기를 듣고 있던 기록자들에게 아낌없이 주어졌다. 한 입 베어 무니 아삭한 식감과 그 청량한 맛이 과연 자랑할 만큼 달고 맛있었다.

"오이 구부러지는 걸 내가 폈어, 60년대에. 이게 칼로 등을 그으면 진이 나와가지고 일주일만 지나면 쫙 펴진다 이거야. 내가 그렇게 아이디어를 만들었어.(웃음)"

멀리 떨어진 서울까지 올라가서 오이를 팔았는데, 구부러진 오이는 500원이고 곧게 편 오이는 1,000원 받았다고 한다. 최병복 어르신은 자라는 중에 휘어지는 오이가 있으면 그렇게 칼집을 내고, 상처가 아무는 것을 확인하며 일일이 돌보며 키웠다고 웃었다.

이야기 4

맛도 좋고 때깔도 좋은, 월암부추

"이거는 시금치, 이게 부추, 쪽파. 월암 부추는 유명하지. 우리 부추가 너무 좋으니까 사람들이 부추를 이사 갈 적에 뽑아간다고."

노인회 회장이신 윤명수 어르신은 밭에 심긴 농작물들을 하나하나 가리키며 웃었다. 월암 도롱마을 하면 결코 빠질 수 없다는 이 파릇파릇한 부추는 마을의 큰 자랑거리 중 하나라고 한다. 맛도 좋고 때깔도 좋은 부추는 전을 부쳐 먹으면 그 맛이 아주 기가 막힌단다. 동네가 공공주택지구로 개발되는 것이 확정되면서, 정든 마을을 하나 둘씩 떠나는 와중에도 이 부추 하나를 뽑아가려고 지금도 그렇게 난리라고 할 정도다.

"원래 이 동네에서 유명한 게 아니라, 이 너머 동네에서 많이 했어. 품종은 똑같은데, 기르기를 잘 길렀지."

쉬워 보이지만 부추 한 단 만드는데도 많은 시간과 노력이 든다고 했다. 거름 주는 방법이 하나하나 다 다르고 사람들이 많이 고민하여 농사짓는다는 것이다. 윤명수 어르신은 라면이 담겨있던 빈 박스 같은 것에 부추를 담다가, 한 두 박스를 실어가지고 안양시장으로 끌고나가고는 했다고 한다.

"맨날 아침마다 부추 팔아먹었지, 그 당시에는. 영등포시장 있잖아, 그리로도 많이 갔어. 기차역에서 얼마나 기다렸다고."

옛날에는 월암부추 말고도 다양한 채소가 담긴 박스를 한가득 싣고서, 동네 사람들이 여기저기 시장을 오갔다고 한다.

이야기 5

샛노란 나이롱참외가
유명한 동네

"의성참외니 무슨 참외니 그게 아니라, 여기서 키우는 노란 참외가 있어. 그 참외하고 개구리참외하고 접목시켜서 최초로 개발한 참외가 있는데, 그게 나이롱참외야."

옛날에는 어른이고 아이들이고, 전부 이와 빈대를 달고 살았다고 한다. 지금처럼 수도꼭지만 돌리면 따뜻하고 시원한 물이 나오는 것이 아니어서 위생에 크게 신경 쓸 수 없던 시절이었다. 그러다가 나일론 재질의 옷이 유행하게 됐는데, 그 이유가 질기고 때를 덜 타는 것도 있었지만, 면 재질보다 이나 빈대가 잘 끼지 않았기 때문이란다. 양말이나 장갑, 러닝셔츠와 속옷까지 나일론을 입는 것이 자랑처럼 비춰지던 시절이었다.

"참외를 만들었는데, 이 참외를 뭐라고 되느냐 라고 해서. 이도 없어지고 빈대도 없어지니까 나이롱참외로 하자 그래가지고 개발한 게 나이롱참외야."

그렇게 도롱마을에 들어오게 된 '나이롱참외'는 동네의 대표 농작물 중 하나가 되었고, 지금도 많은 주민이 키우고 있다고 했다.

최초 개발자는 월암동에서 사시는 최신식 어르신이 개발하셨다는 설이 있다.

이야기 6

신토불이인데
이거 살라우?

명절 대목이 되면 도롱마을에 사는 여인들이 모두 모여 잘 자란 농작물들을 한가득 싣고 나가기도 했다고. 자동차나 트럭이 있는 집에서 차를 대주고, 온 동네 사람들이 자기들이 내다 팔 야채며 쌀이며 한 가마니를 가득 채웠다. 수원이나, 안양장도 있었지만, 옛날엔 주로 가까운 부곡에 내다 팔았다. 도깨비 시장이 열리는 날이면 동네 사람들은 그날만을 기다렸다는 듯이 바닥에 자리를 펴고는 마중 나올 자동차가 올 때까지 하루 종일 장사를 하곤 했다고 한다.

"옛날에는 수원장도 보고, 지금은 안양장도 보고. 옛날엔 부곡에다가 팔았어. 야채 농사지은 거 다 골고루."

마을회관에서 이야기를 나누던 한 어머님은 상추, 오이, 부추, 호박 같은 다양한 작물들을 모아다가 팔아서 애들을 일곱이나 학교로 보냈다고 했다. 가장 유명한 대표적인 농작물로는 월암오이나 부추가 있었지만, 직접 논밭을 가꾸며 다양한 먹거리들을 키웠다고 한다. 고추를 멍석에 빨갛게 널어놓고, 날을 잡아서 이웃사람들과 빻아다가 내놓기도 했다.

"나는 장에 나가지 않고, 리어카 끌어다가 팔았어. 율전동까지 나가서 집집마다 다녔지."

한 어머님이 그렇게 말하며 자신이 장사하던 시절 이야기를 들려주었다. 자주 동네를 찾는 리어카 장사를 보고 단골손님도 많았다고 한다. 물건이 워낙 좋으니 그냥 지나가던 사람들도 어머님의 리어카가 보일쯤엔 자리에 멈춰 서서 꼭 하나씩은 사갔다고. 어떻게 파셨는지 시범 좀 보여 달라고 조르니, 어머님이 경쾌하게 웃으며 "아~ 신토불이인데 이거 살라우. 그랬지!"하고 대꾸하신다. 회관 안에서 이야기 듣던 어르신들이 왁, 하고 웃으신다. 마을에서는 농사짓고 장사하는 것이 흔한 일이었다. 힘들고 고달픈 일이었지만, 그래도 다들 좋았던 시절이었다고 생각하시는 듯했다. 다들 그때를 떠올리며 웃으며 이야기하느라 시간가는 줄 몰랐다.

이야기 7

우리 동네 쌀은 우렁쌀

―――――――――――

"이거는 우렁쌀이야. 저기 둑에 가 봐. 다니다보면 껍데기 엄청 많지."

도룡마을에서는 지원을 받아서 유기농 우렁쌀을 키운다고 윤명수 어르신이 말씀해주셨다. 일반적인 우렁이들은 땅 속에서 무기질을 먹지만. 우렁쌀을 위해 키워진 우렁이들은 자라난 풀을 뜯어먹는다고 한다. 작은 잡초 새싹이 조그마하게 자라면 논밭에 있던 우렁이들이 그걸 먹으며 산다는 것이다. 하지만 이것도 시간이 지나면 점차 그 수가 줄어든다고 한다.

"그게 시기가 오면 다 죽어. 먹을 게 없으니까 우렁이들 살이 없어, 살이. 그래서 여름에 장마철에 와보면 저기 개울에 우렁이 껍데기가 덩어리로 돌아다녀."

여름철이면 월암천 인근에는 먹을 것이 없어 죽은 우렁이 껍데기를 흔하게 돌볼 수 있다고 한다. 하지만 그렇게 키운 유기농 우렁쌀은 밥맛이 차지고, 아주 좋아 초등학교 급식으로도 쓰일 정도라고 한다. 무엇보다 어린아이들이 먹을 쌀을 짓는다는 것에 뿌듯함을 느끼시는 듯했다. 누군가를 먹여 살릴 한 끼를 위해 평생을 농부로 살아온 어르신들. 그 정답고 애틋한 마음이 키운 것은 농작물만은 아니었을 것이다. 생명을 귀히 여기고 보살피는 마음이 이어지는 한 농사는 계속해서 지어질 것이다.

2020년 10월 19일

마지막 추수

이제 안녕, 도롱마을	
발행일	2020. 12.
펴낸이	최서영
펴낸곳	(주)더페이퍼
엮음	골목잡지 사이다
사진	박김형준
	주소 경기도 수원시 팔달구 화서문로 66 (신풍동) 전화 031-225-8199 홈페이지 www.saida-books.com 메일 thesaida@hanmail.net
인쇄	한솔칼라옵셋
	ⓒ 2020. 본 제작물의 저작권 및 판권은 더페이퍼에 있습니다.
ISBN	979-11-89500-28-3